JN132086

幼児体育の魅力

－ 運動、心動、感動、そして生活化を図る －

一般社団法人
国際幼児体育学会 会長　**前橋 明**（早稲田大学 教授/医学博士）

大学教育出版

ごあいさつ

国際幼児体育学会

会長　前橋　明

（早稲田大学教授・医学博士）

　体育【體育】は、知育・徳育に対して、適切な運動の実践を通して、脳や自律神経系の働きを亢進させ、身体の健全な発達を促し、安全能力や運動能力、健康な生活を営む態度などを養うことを目的とする教育と考えています。要は、「知育」・「徳育」に対して展開される「体育」は、①「健全なからだや体力・運動能力を養う教育」と考えられます。また、②学校における教科のこととしての意味もあります。

　よって、「幼児体育」は、幼児を対象として展開される体育ですが、幼児の健全育成・人間形成を中核として考えられてい

る方と、教科として考えられている方の認識に、少々ズレを生じていることがあります。また、「体育」を「スポーツ」に変えてはという声も時に聞かれますが、「体育」は、一運動領域や種目のことを述べているのではなく、それらを使っての教育のことを取り扱っているので、「体育」という言葉には豊かさがあり、質を異にしています。そんな中で、まず人として基本となる「知・徳・体」の調和のとれた育成をめざすことが必要です。したがって、私たちの「幼児体育」では、「体」の分野で、さらに時代に適応して、たくましく生きる力を育もうとしていかねばなりません。

　「知育」・「徳育」・「体育」を、「知」・「徳」・「スポーツ」に置き換わる重みが、今、提示できるでしょうか。「体育」の本来の意味や意義、役割の大きさを再認識する必要があります。日本で使っている多くの言葉は、中国から学んだものがとても多くあります。漢字一字一句に、作られてきた経緯や歴史があります。

　「体育」の「体」の字を取り上げてみても、「からだ」というのは「人」の「本体」だというわけです。よって、以前は、體（骨豊）と書いており、大元は象形文字です。意味は、全身、本体、骨（＝ほねとにくという意味）が豊かである様を表した漢字です。「からだ」というのは「人」の「本体」ということで、その教育ということですから、各種のからだ動かしや運動あそび、鬼ごっこやスポーツごっこ、体操やダンス等を体験しながら、人間形成に寄与する「幼児体育」の意味や役割は、大

きく、豊かなのです。

　現状のところ、「幼児体育」を、①からだの発育・発達を促し、体力の向上を図るための「教育・人間形成」と捉えるか、②運動やスポーツの実技・理論を教える「教科」として捉えるか、立ち位置の違いで内容が大きく変わってきます。

　いずれにしろ、中国からの漢字文化の歴史や漢字そのもの意味をしっかり勉強されてみると、気づいていない部分、不足している部分が見えてくるでしょう。「知育」、「徳育」、「体育」の３つのものが、人間形成の本質において一つのものであること、または「三者が（心を合わせて）一体になること」ということが、子どもの育ちにおいて大切ですから、知・徳・体のバランスのとれた力を育てていきたいと考えています。変化の激しいこれからの社会を生きるために、確かな学力（知）、豊かな心（徳）、健やかなからだ（体）をバランスよく育てることが、幼児期から必要不可欠です。

　中でも、その一つである「幼児体育」が担う役割は、とても大きいものがあります。「幼児体育」を大切に考えて、子どもたちに関わって下さる皆さんに感謝です。ありがとうございます。全国各地域における幼児体育の発展のために、また、人々の生活の質の向上のために、本書で示す情報を使っていただけますと、幸いに存じます。

幼児体育の魅力
― 運動、心動、感動、そして生活化を図る ―

目　次

総　論

各　論

総　論

幼児体育とは ― その意義と役割

1. 幼児体育とは何か

　幼児体育を、いったい、どのように考えたらよいのでしょうか。幼児体育とは、何でしょうか。

　幼児体育とは、各種のいろいろな身体運動、運動あそびや運動的なゲーム、スポーツごっこ、リズム・ダンス等を通して、教育的角度から指導を展開します。そして、運動欲求を満足させ、身体諸機能の調和的発達を図るとともに、精神発達を促し、精神的・知的側面も伸ばし、社会性を身につけさせ、心身ともに健全な幼児に育てていこうとする営みのことです。つまり、教育ですので、人間形成を図ろうとしているのが、「幼児体育」なのです。

　では、体育あそびと運動あそびについて、その違いを説明させていただきます。本屋さんに行くと、「体育あそび」の本があります。「運動あそび」の本もあります。それらの本を開

いて、中を見ると、中に掲載されているあそびは、鬼ごっこで
あったり、マットあそびであったり、いろいろな運動あそびが
掲載されています。「体育あそび」の本の中にも、同じ運動あそ
びが掲載されています。要は、掲載されているあそびは同じ
運動あそびです。

　では、体育あそびと運動あそびは、何が違うのでしょう
か？　まず、あそびは、自発的・自主的に展開されるもので
す。いつ始まって、いつ終わってもいいのです。運動あそび
は、運動量のあるあそびです。要は、動いて、からだを動かし
て、心臓がドキドキし、息を吸いながら、心臓や肺臓の機能が
高まる動的なあそび、つまり、血液循環が良くなって心肺機能
が強くなる運動量のあるあそびを、「運動あそび」と呼んでい
ます。

　「体育あそび」も、そういう「運動あそび」と同じですけれ
ども、幼児体育では、教育的な目標を達成するために、「運動
あそび」を使って、子どもたちの社会的な面や精神的な面、知
的な面をも伸ばしていこうと考えています。体育の中で使われ
る運動あそびのことを、「体育あそび」と呼んでいます。中身
は、同じあそびでも、自発的・自主的に、いつでも終わっても
いいという「運動あそび」とは違って、体育あそびは、ある一
定時間、みんなといっしょに仲良く協力して、片づけまで、一
生懸命に最後まで、みんなといっしょにしようするものです。

　要は、プロセスでは、努力する過程が生じるのです。体育
あそびとは、教育的目標達成のために、社会的な面や精神的な

面、知的な面を考慮に入れた体育教育的営みのある運動あそびのことなのです。そのプロセスでは、努力する過程があることが特徴なのです。子どもを対象に、各種の運動あそびや運動の指導を通して、人間形成を図るわけですが、人間形成の側面には、どのようなものがあるのか、私は5つの側面を考えています。

　あそびを通して、①身体的にも良い状態になれる身体的（physical）な面、②友だちを思いやって応援したり、助け合ったりする社会的（social）な面、そして、③いろいろな遊び方を考えたり、動きの仕方を工夫したりする知的（intellectual）な面、4つ目は、④最後まで頑張る精神的（spiritual）な強さ、5つ目は、⑤安定した情緒で友だちと関わり、情緒の解放を図る情緒的（emotional）な面の育ちです。この5つの側面が、幼児体育での目的にもなるでしょう。

2.　幼児期に、経験させたい運動

　「幼児期に、経験させたい運動を教えてほしい」という質問が、よく私に投げかけられます。私は、「歩くことは、運動の基本」、「走ることは、運動の主役」と思っています。ですから、歩く・走るという運動の大切さを、ぜひ幼児期にしっかり経験させていただきたいと願います。

　要は、もっと、「歩く」「走る」という運動の経験を、しっかりもたせていきたいと考えています。そして、生活の中で、

近年、なかなか行わなくなった動き、とくに、「逆さになる」、「転がる」、「回る」、「支える」といった動きが少なくなっていますので、幼児期から努めて、しなくなった動きや弱くなった動き、とくに、逆さ感覚や回転感覚、支持感覚を育てるような動きを大事にしていきたいと考えています。体力・体格の発達と学習の適時性については、３つの段階に分けて、話をしたいと思います。

　まず、幼児期から10歳ぐらいまで、いわゆる小学校の低学年ぐらいまでは、バランス系のあそび、敏捷な動き、巧みな動き等の平衡性や敏捷性、巧緻性と言われる「調整力」の獲得に適時性があります。

　そして、小学校の中学年くらいになると、皆さん方も思い出の中にあると思いますが、よくドッジボールを行ったのではないでしょうか。ドッジボールのドッジという言葉とは、ボールをぶつけて遊ぶというイメージがありますけれども、飛んでくるボールを、うまくよける、かわすという意味ですから、様々な身のこなしができる時期ということです。よって、小学校の中学年時期に、ドッジボールをとても楽しんだという思い出を、ぜひ思い出してください。そういう身のこなしに、適時性のある時期だということです。

　小学校の高学年ぐらいになると、だんだん動きが磨かれて、けっこう、良いフォームで運動を遂行するようになります。そして、中学生ぐらいになると、しだいに内臓諸器官が強くなるので、持久的な運動実践へ進めるようになっていきま

す。

　このように、３つの段階で、子どもたちは運動の学びの適時性があるものと考えます。

3.　４つの基本運動スキル

　次に、４つの基本運動スキルについて、お話をします。それらは、まず、①移動するタイプの動きを、移動系運動スキルと言い、ある場所からある場所まで這う、歩く、走る、水の中では泳ぐとかして移動する動作スキルのことです。

　２つ目は、②操作系の運動スキルです。これは、物を操作するタイプです。ボールを投げるとか、フラフープを回す、ボールを蹴る等、操作する動作スキルです。

　３つ目は、バランスをとる運動スキルです。姿勢の安定を維持するスキルです。片足立ちになったり、平均台を渡ったりするスキルです。

　４つ目は、動かないけども、運動する非移動系運動スキルです。ぶら下がって頑張る、その場で押す、引く運動です。その場での運動スキルとも言います。

　もう少し詳しく見ていきます。この４つの運動スキルを、一つずつ紹介します。

　移動系の運動スキルは、這う、歩く、走る、跳ぶ、泳ぐ等、鬼ごっこやしっぽ取りあそびをして、走って移動しています。腹這いになって、這ってトンネルをくぐっています。ある

場所からある場所まで、這って移動する、手をついて手で歩いて移動する、築山の上から落ち葉の上に段ボールや新聞紙を敷いて滑り降りるという移動する運動スキルです。

　次に、物を操作する、操作系の運動スキルを紹介します。つかむ、投げる、蹴る、打つ、運ぶ等があります。ボールを投げ入れる、パターゴルフ、ボールを打つ、運動会の時の玉入れ等、物を操作する操作系運動スキルです。

　そして、姿勢のバランスをとる、姿勢の安定性を維持する平衡系運動スキルです。平均台の上で立つ、乗る、渡る等の動きがあります。

　はしごを登っていく、廊下に積み木を置いて、その上に板を載せて積み木渡りです。このような運動が、バランスあそびになります。ちょっと緊張感をもたせて、高いレベルの平衡系運動スキルが育成できるあそびです。

　では、次に、移動はしないけれども運動する、非移動系の運動スキルを紹介します。その場でぶら下がる、その場で動かないものを押す・引く、非移動系運動スキル、別名を「その場での運動スキル」とも呼んでいます。鉄棒にぶら下がる、頑張る、動かない運動です。

　上手になると、ぶら下がったままで、足でボールを挟んで、挟んだボールを、もう一つのフープの中に入れる運動ができるようになります。腕は、非移動系の運動スキルを発揮していますが、足は操作系の運動スキルです。上手になると、一度に同時に２つ以上の組み合わせの運動スキルが発揮できます。

大根抜きあそび、大人の足を少しでも動かしたら、私の勝ちという、非移動系の運動スキルの発揮です。寝転がってL字になったパパの両足を、床に倒す動きもあります。ママやパパ腹筋運動にもなりますね。動かない足をぐっと引っ張って床につけようとする、非移動系の動きですね。

さて、もう一度確認します。基本の運動スキルとして、移動系運動スキル、操作系運動スキル、平衡系運動スキル、非移動系運動スキルの4つの基本運動スキルを頭に入れておいていただけたら、嬉しいです。

4. 幼児と運動指導

幼児にとって発達理論の伴わない技術面に偏った運動経験やスポーツ体験は、早期から運動に対する好き嫌いをはっきりさせます。大切なことを、3つお伝えします。

①運動面で、ルール性に富んだものを早くからさせすぎたり、競争的立場を早くから経験させすぎたりしないことが大切です。2つ目は、②指示に従うのみで、与えられたことだけできるような子どもを期待せず、運動の方法や遊び方を工夫したり、創造したりする、自発性づくりに目を向けることが大切です。3つ目は、③特定の運動をさせるよりは、いろいろな運動を体験させ、運動に親しみ、楽しく活動させることが大切です。幼児期には、この3つを大切にしてほしいと、私は願います。

　子どもたちが自発的にあそびを展開していくためには、まず基本となるあそびや運動の仕方、安全に関する約束事を、その場に応じて実際に紹介する必要があります。そして、子どもたちが自発的にあそびを展開したり、バリエーションを考えだしたりして、あそびを発展させるきっかけをつかんだら、指導者はできるだけ早い時期に、主導権を子ども側に移行していくという基本方針をもつことが、幼児体育では非常に大切になってきます。

　次に、保育時間内に運動を指導し、終了の挨拶の後、子どもから問いかけがあった指導事例をお伝えします。子どもが、「先生、もう遊んでいい？」と質問したのです。

　もし、その先生の指導が非常に心に残って、おもしろかったならば、「もっとしたい。まだまだしよう」と言ってくるはずです。「いや、今日はもう時間がないからね。今日は終わり」と答えると、「じゃあ、明日もしてね。明日も、またしようね」という、感動した反応が返ってくるはずです。ところが、周到に準備されて指導されても、子どもの心を動かすことができていなかったのかもしれません。要は、子どもたちから、「あー、おもしろかった。もっとしたい。明日も、またしてほしい」と、感動した反応が戻ってくる指導を心がけたいと、私は願います。

　動きを通して、動きだけを教えるのではなくて、動きを通して子どもの心を動かすという、そういう運動指導の重要性、あるいはあそびの紹介と伝承の必要性を、痛切に感じていま

す。

　動きを通して子どもの心を動かし、そして、子どもたちが感動する「運動、心動、感動」という教育のあり方が、やはり指導の中では重要なことと、私は思っています。じゃあ、そういう「心が動くあそび」って、どんなあそび？ どんなことをし、どうしたらいいのでしょうか。

　では、「動きを通して、子どもの心を動かすあそび」って、どんなあそびがあるのか、どんな方法で教えたらいいのか等、その参考に少しでもしていただけたらと思って、私の子ども時代のあそび体験をお話ししたいと思います。指導者との学習ではなかったのですが、私の父親とのあそびの中で心が動いた思い出がたくさんあります。

　セミ捕りに夢中になっていた私の様子を、母親が父親にそっと伝えたのでしょうね。父親が、ある日曜日の昼に、「蝉とりに行くか？」って、誘ってくれたのです。非常に嬉しかったですね。忙しい父親が、私を遊ぼうって誘ってくれたのです。こんな嬉しいことはなかったです。「じゃあ、お父ちゃん、すぐ用意する」と言って、網を取りに行きました。ところが、その網は破けていたのです。「お父ちゃん、網が破けている。蝉とりに行けない」と、答えました。「よし、その網を持って来い。見せてみろ」と、父が言ったので、すぐ、網を取りに行って、父親のところに持っていきました。父親が、網を見て、「本当だ。網が破けている。よし、お母ちゃんから、ハサミを借りて来い」と、私に言いました。「えー！ ハサ

ミ？ 破けた網をチョキチョキ切ってくれて、網を取り換えて
くれる」と、私は思ったのです。そして、母親のところに行っ
て、「お母ちゃん、父さんが網を変えてくれるよ。ハサミがい
る」と言って、ハサミを借りて、父親に渡しました。父親は、
網をチョキチョキ切って、輪っかだけにしました。そして、
父親は、柄を持って、地面について、「よし、セミ取りに行く
ぞ！」と言ったのです。網は、付け替えてくれていない状態で
す。輪っかだけなのです。私は、父親のことを「馬鹿」かと思
いましたね。「うちのお父ちゃん、阿呆じゃないの。網がない
のに、セミが取れるわけがない」と思ったのです。でも、父親
は、「よし！ 虫かごを持って来いよ！ セミ取りに行くぞ。神
社に行くぞ！」って言うのです。本当に、阿保かと思いました
ね。そこで、仕方なく、私も付いて行った訳です。

　そして、神社に行く道中に竹やぶがあって、父親がそこに
入って行くのです。父親は、「ちょっと、ここで待っておけ！」
と言って、網を持って竹やぶに入っていきました。何をするの
かを見たら、持っている網の輪っかにくもの巣をたくさん集め
ているのです。

　つまり、くもの巣に、網の輪っかを置いて、クルクルとく
もの巣を巻きつけていくのです。そして、バドミントンのラ
ケットの面のように、クモの巣でネットを張った状態にするの
です。要は、くもの巣で、金魚すくいの道具のような形の網を
作るのです。バドミントンのラケットを想像してください。網
の部分に手を当てると、くもの巣だから、くっ付くのです。ま

た、強く押しても、破けないのです。くもの巣をたくさん集めてるから、弾力性があって、「これ、お父ちゃん、引っ付くし、強いな！」これが、父親が作った網だったのです。神社に行って、ミーン・ミーンと鳴いているセミのところにそっと近づいて、セミを網にペターッとくっつけるのです。セミと格闘することなく、セミが網にくっつく昆虫採集でした。小学校1年生の時でした。夏休みの宿題で、昆虫採集のセミを持って行くと、先生が凄くびっくりして褒めてくれました。「前橋君の集めてるセミは、羽も折れてないし、原型をとどめて、きれいだ」と言ってくれました。

　さて、そのセミ取りに行った当日は、非常に感動した自分がいました。帰ってから、母親にもしっかり伝えました。次の日に、その感動体験の出来事があるのです。友だちを集めました。みんなに網を持ってくるように伝えて、6人が集まりました。私は、ハサミを持っていたのです。そのハサミでみんなの網をチョキチョキ切り落として、輪っかだけにしたのです。「何、するの！」と言われましたけれど、「見ていたら、わかる」と言いながら、全部切っていったのです。その後、みんなで竹やぶとか、倉庫に行って、たくさんクモの巣を探しました。クモの巣を集めて、父親が教えてくれた網を作ったのです。それで、セミ取りに行ったのでした。たくさんセミを取って帰りました。みんなも、おもしろかったと言って帰りました。

　こういうふうに、私の思い出は、広がっていくのですけれ

ども、その晩、一人の友だちと、そのお母さんが、家に来ました
ね。「明（私の名前）ちゃんは、何でこんな悪いことをする
の？　うちの子の網は、昨日、買ったばっかりなのよ」と言っ
てね。本当に謝った思い出もあります。でも、友だち同士の
中では、とてもおもしろかったと言って、良かったのですが
…。非常に感動した結果、自分たちもやってみよう。次の日
にやってみようという状況になったわけです。クモの巣の粘着
性を利用してセミを取る方法、網のなくなった輪にクモの巣を
くっつけたセミとり用の網をつくってのあそびだったのです。
すごく心が動いた思い出になっています。また、感動したか
らこそ、友だちを誘ってみよう。もっとしようと思ったわけで
す。

　もう一つ、私のあそびを紹介します。魚とりです。子ども
時代ですから、小川での魚とりです。川上から水が流れて、魚
が通るだろうという、川の中の魚の通り道に網を構えて、友だ
ちに追い棒で、水の中をどんどん突いて、魚を追ってもらいま
す。友だちと、魚を挟み撃ちにするわけでですね。追い棒で、
水の中を突いたり、叩いたりしながら、魚を網に追い込む魚と
りなのです。でも、子ども同士で行うと、網を上げてみると、
ゴミばかりだったりしていました。そんな魚とりでした。

　これも、父親との思い出ですが、父親が魚とりに誘ってく
れました。子どもたちが遊んだ後に、父親に網を貸しました。
父親も、魚が通りそうな流れの藻と藻の間に網を置き、構えま
した。僕らと同じやり方だと思いながら、私は言ったのです。

「お父ちゃん、僕がおい棒で追い込むよ。挟み撃ちするよ」と言ったら、「追い棒は、いらない。置いておけ」って言うのです。追い棒は使わず、水が流れている上流に向かって足音を立てて畦道を歩いていけ。音を立てるんだよ」って言うんですね。だから、私は足踏みをして、川上に歩いていったのです。私が７～８メートルぐらい行ったところで、父親は、「おい！ 入った。入ったぞ！」「大きな鮒だ！」と言って、私たちも走って行きました。「お父ちゃん、すげえ！ 大きな鮒が入っている！」と言って、すごくびっくりして喜んだ思い出があります。

　日本では、春に田植えのために川から水を引き、６月ぐらいには、小川の水かさが増えて、魚がいる様子を見ることができるようになります。小川に沿って歩いていると、魚は、人間と同じ方向に、一時、泳いでいますが、人間の進む方向がわかると、魚は、逆方向に向きを変えて、すばやく逃げるのです。すごい勢いで、すばやく泳ぎます。そこへ、父親が網を置いて待っているのです。

　ということは、私がオトリになって、網とは反対の方向に向かっていくわけです。そうすると、魚は人間がいく反対の方向へ、泳いで逃げるいう習性があるため、追い棒を使うことなく、魚を追い込むわけです。魚を追いたい反対の方向へ歩くだけで、魚を追い込むことになるわけですね。足音を立てて歩いていって、逆方向で設置した網に魚を追い込む。これを、父親が教えてくれたのです。これも感動しました。次の日に、ま

た、友だちを集めて、みんなで魚捕り行こうって誘いました。追い棒なんか要らんのだとか言いながらね。友だちに、その知恵を伝えた思い出があります。

こういうふうに、あそびの中で、心が動いていると、したくなるのです。テレビやビデオも、本当におもしろいです。でも、セミとりとか、魚とりは、私にとってはあの時の感動体験がとてつもなく大きなものでしたので、いくら好きなテレビを見ていても、友だちが「魚とりに行こう？　セミとりに行こう！」と、誘ってくれたら、テレビ視聴を止めて、あそびに行っていましたね。そういうふうに、心が動く感動体験をもたされた活動や、あそび、運動には、子どもたちがぐっと向かっていくのです。でも、今頃は、そういう「動きを通して心が動く」ような感動体験の指導に出会っていないのでしょう。そこで得る経験が、乏しくなったのでしょうね。

子どもは、どうしてもテレビ・ビデオのおもしろい方向に向かっていきます。ぜひ健康づくりや体力づくりにつながるようなあそびや運動を、子どもたちにさせたいならば、そういう心の動くような運動提供の仕方や指導の方法を考えることが、今、私たち指導者や大人たちに求められていることではないでしょうか。動きを通して、子どもの心を動かす指導が、幼児体育では大切です。「運動、心動、感動」の幼児体育を心がけたいものです。

5.　幼児に対する運動指導上の留意事項

（1）　話し方

　指導者は、子どもの興味を引く話し方やわかりやすい言葉遣いを大切にしましょう。また、話すときは、子どもの目を見て話すようにしましょう。

　言葉でのやりとりが難しい子どもに対しては、いっしょに動いたり、手本を見せたりしながら指導をすることが理解を促す良い方法となります。

（2）　子どもへの対応

　子どもへの対応についてですが、話す時は、子どもの目を見て話し、みんなの前でも勇気を出して表現できるように優しい口調でゆっくりと話して、子どもを応援することが必要です。子どもの気持ちが穏やかになるように、話す時は子どもの目を見て話し、みんなの前でも、優しくゆっくり応援していきましょう。

　私の失敗した思い出で、前に出てきた子どもの姓を間違えて、女の子なのに、「○○君」って、声をかけた時、その子にとても辛い思いをさせた経験があります。子どもの姓を間違えないように、名前を呼んであげてください。

　それから、名前を聞いた時のことですが、聞き取れなかったので、子どもに何回も名前を聞くと、子どもが怒った反応を

示しました。ぜひ、名前をしっかり聞き取れるのがいいのです
が、聞き取れない場合は、次の質問を用意して、「じゃあ、年
はいくつ？」というふうに、進めていくことも大切です。そん
なテクニックも、時には先生には必要ですね。大切なことは、
話す時は子どもの目を見て話すことです。

（3）示範・補助

　指導者が子どもに動きを見せる時は、わかりやすく大き
く、元気に表現することが大切です。そうすると、子どもの方
に、してみようという気持ちが出てくるはずです。先生が大き
な動きで示範を見せていくと、子どもたちも一生懸命に、伸び
伸びと動けるようになります。子どもに動きを見せる時は、大
きく元気に表現することが大切です。とくにしっかり伸ばす
ところは伸ばし、曲げるところは十分に曲げることが大切で
す。そうすると、子どもの方に、頑張ってみようという気持ち
が出てくるはずです。しかし、子どもは、大人の悪い癖も真似
ます。見本に示す動きは、しっかりした、正しい動きが良いで
しょう。手を大きく上げて深呼吸をしてほしいけれども、先生
がちょっと手を抜いて小さな腕の動かし方をすると、子どもも
同じ小さな動きをするようになります。伸びる時にはしっかり
伸びることが大切です。

　子どもたちに、指導の見本を見せても、わからないところ
が出てきます。子どもにとって、わからないところは、具体的
に子どものからだを動かしたり、触ったりして教えると、動き

が理解しやすいでしょう。一斉に指導するだけでなく、巡回して見て回り、子どもたちのたちの様子を見て、実際に子どものからだを動かしたり、触って示したりしてあげると、動きの理解がしやすくなるということです。また、一生懸命にしようとしてる子どもにしっかりと対応することが大切です。

（4）　安全管理・安全指導

　子どもが運動する上で、安全管理や安全指導は、必須です。とくに、運動遊具の劣化点検をしっかり行って、子どもたちの指導に臨んでほしいです。安全点検のポイントですが、まず、運動場に設置された固定遊具の支柱あたりの地面を掘ってみると、支柱が錆びていることがあります。また、木であれば、腐っています。こういうことは、土を掘ってみないとわからないことですので、大きな事故を招く危険性があります。定期的な点検の中で、こういうポイントをチェックして下さい。

　劣化する遊具の部分ですが、腐食しやすい部分は、溶接部の腐食です。あるいは、遊具を接合させている接合部の腐食も起こりやすいです。また、ブランコを取り付けて、そして、ギコギコとすり減るようなところの摩耗や破損もよくありますので、気をつけて点検してください。

　また、ロープが張られている遊具は、長い間、外で雨風にさらされていると腐ったり、使うと切れたりしますので、こういう部分から、子どもたちが大きなケガを誘発しますので、ロープの破断については、十分、チェックをしていただいて、

修理・改善のお願いをしたいと思います。子どもたちにも、「こういう状況を見たら、先生に伝えてね」と、日頃からの安全指導も必要です。

　ブランコを取り付けている土台となる基礎工事のコンクリートの部分が、地面の上に出ている場合は、とくに気をつけて下さい。子どもたちがよく動くと、どんどん土が取れていきますので、こういうときの基礎工事部分の露出は、土の中に埋めることが大事です。

各　論

第 1 章

子どもにとっての運動あそびの役割と効果

1.　身体的発育の促進

　運動あそびとからだの発育・発達とは、切り離しては考えられません。適度な身体活動や運動実践は、身体的発育を促進します。すなわち、外あそび中の全身運動は、生体内の代謝を高め、血液循環を促進し、その結果として、骨や筋肉の発育を助長していきます。筋肉は、運動によって徐々にその太さを増し、それに比例して力も強くなります。逆に、からだを動かさず、筋肉を使わないと、廃用性萎縮といって、筋肉が細くなり、力も弱くなります。

　つまり、筋肉は運動することによって強化されるのです。砂あそびやボール投げ、ブランコ・すべり台・ジャングルジム等を利用しての外あそびは、特別な動機づけの必要もなく、ごく自然のうちに筋力をはじめ、呼吸循環機能を高め、身体各部の成長を促進していきます。

要は、運動あそびをすることによって、運動量が増えて体力や健康が養われ、それらが増進されると、子どもたちは、より活動的な運動あそびを好むようになり、同時にからだの発育が促されていくのです。

2. 運動機能の発達と促進

身体活動をすることによって、それに関連する諸機能が刺激され、発達していきます。しかし、各々の時期に、とくに発達する機能とそうでない機能とがあります。例えば、幼児の神経機能は、出生後、きわめて著しい発育を示し、生後6年間に成人の約90%に達します。運動機能は、脳神経系の支配下にありますから、神経機能が急速に発達する幼児期から外あそびで、いろいろな運動を経験させ、運動神経を支配する中枢回路を敷設しておくことが大切です。また、幼児期に形成された神経支配の中枢回路は、容易に消えないので、その時期においては、調整力を中心とした運動機能の開発をねらうことが望ましいといえます。

運動によって運動機能が発達してくると、自発的にその機能を使用しようとする傾向が出てきます。そのことによって、運動機能はさらに高められ、児童期の終わり頃にはかなりの段階にまで発達していきます。

こうして、外あそびでの多様な運動経験を通して、子どもたちのからだに発育刺激を与えることができるとともに、協応

性や平衡性、柔軟性、敏捷性、リズム、スピード、筋力、持久
力、瞬発力などの調和のとれた体力を養い、空間での方位性や
左右性をも確立していくことができます。

つまり、からだのバランスと安定性の向上を図り、からだ
の各運動相互の協調を増し、全体的・部分的な種々の協応動作
の統制を図ることができるようになるのです。そして、からだ
の均整が保たれ、筋肉の協同運動が合理的に行われるようにな
ると、運動の正確さやスピードも高められ、無駄なエネルギー
の消費を行わないようになります。このように、体力や基礎的
運動能力を身につけ、エネルギー節約の方法を習得できるよう
になります。

また、食品からの摂取のほか、太陽光に当たることで生成
されるビタミンDは、たんぱく質の働きを活性化し、カルシ
ウム・リンの吸収を促進し、正常な骨格と歯の発育を促しま
す。脳・神経機能の発達が著しい幼児期に、外あそびや運動を
積極的に行うことは、その後の運動能力発達の基盤となり、幼
児期以降の身体能力の向上に繋がります。

3.　健康の増進

動的な外あそびを積極的に行うことにより、血液循環が良
くなり、心臓や肺臓、消化器などの内臓の働きが促進されま
す。また、運動をくり返すことによって、外界に対する適応力
が身につき、皮膚も鍛えられ、寒さに強く、カゼをひきにくい

体質づくりにもつながります。

　つまり、寒さや暑さに対する抵抗力を高め、からだの適応能力を向上させ、健康づくりに大いに役立ちます。

4.　情緒の発達

　友だちといっしょに外あそびに興じることによって、情緒の開放と発達が促されます。また、情緒の発達に伴って、子どものあそびや運動の内容は変化します。すなわち、運動と情緒的発達との間にも、密接な相互関係が成り立っているのです。情緒は、単なる生理的な興奮から、快・不快に分化し、それらは、さらに愛情や喜び・怒り・恐れ・しっと等に細かくわかれていきます。そして、5歳頃までには、ほとんどすべての情緒が表現されるようになります。このような情緒の発達は、人間関係の交渉を通して形成されます。この初期における人間関係の媒介をなすものがあそびであり、中でも、外あそびを媒介として、幼児と親、きょうだい同志、友だち等との人間関係がより強く形成されながら、からだも丈夫になっていきます。

　そして、外あそび実践は、子どもたちが日常生活の中で経験する不安、怒り、恐れ、欲求、不満などを解放する、安全で有効な手段となっていきます。なお、心身に何らかの障害をもつ子どもの場合、心配で放っておけないということから、運動規制が強すぎたり、集団での運動経験が不足したりしている状態で育っているというケースが比較的多くみられます。自閉児

と呼ばれている子どもたちの中には、十分な体力をもちなが
ら、運動エネルギーを不燃のまま自分の殻の中に閉じ込め、そ
れが情緒的にネガティブな影響を及ぼしているケースも、少な
くありません。

　そこで、こういった経験の不足を取りもどし、子どもたち
の中で眠り続けてきた運動エネルギーに火をつけ、十分発散さ
せてあげることが、情緒的にも精神的にも極めて重要です。多
動で落ちつきのない幼児についても、同じことがいえます。大
きなつぶつぶの汗が出るほど運動した後は、比較的落ちついて
くるものです。多動だからといって、無理に動きを規制する
と、かえって、子どもたちを多動にさせていきます。いずれに
しても、運動あそびは身体面の発達だけでなく、健全な情緒の
発達にとっても重要な意味をもっています。

5.　知的発達の促進

　子どもは、幼い頃から外あそびや運動あそびを中心とした
身体活動を通して、自己と外界との区別を知り、自分と接する
人々の態度を識別し、物の性質やその扱い方を学習していきま
す。また、対象物を正しく知覚・認識する働きや異同を弁別す
る力などの知的学習能力も養われていきます。外あそびで、子
どもたちは、空想や想像の力を借りて、あらゆる物をその道具
として利用します。例えば、大きな石はとび箱になり、ジャン
プ台になり、ときには、馬にもなっていくのです。

　このような外あそびは、子どもたちの想像する能力を高め、創造性を養い、知的能力の発達に寄与していきます。運動遊具や自然物をどのように用いるかを工夫するとき、そこに思考力が養われていきます。様々な運動遊具を用いる運動によって、幼児はその遊具の使い方やあそび方、物の意義、形、大きさ、色、そして、構造などを認識し、学習していくのです。知的発達においては、自分の意志によって環境や物を自由探索し、チェックし、試みていくことが重要ですが、ときには指示を与え、物の性質やその働きを教えていくことも大いに必要です。

　そして、運動あそびの中で、成功や失敗の経験を積み重ねていくことが、知的発達の上で大切になってきます。また、友だちといっしょに遊べるようになると、自然のうちに認知力や思考力が育成され、集団思考ができるようになります。そして、模倣学習の対象も拡大し、運動経験の範囲も広くなってきます。子どもたちは、こうして自己と他人について学習し、その人間関係についての理解を獲得していきます。さらに、自己の能力についての知識を得るようになると、子どもたちは他人の能力との比較を行うようになっていきます。

　生理学的にみると、脳の機能は、細胞間の結合が精密化し、神経繊維の髄鞘化が進むにつれて向上していきます。神経も、適度に使うことによって、発達が促進されるという「使用・不使用の原理」が働いていることを覚えておきたいものです。

6.　社会性の育成

　子どもたちが仲間といっしょに外あそびをする場合、順番を守ったり、みんなと仲良くしたりすることが要求されます。また、お互いに守らねばならないルールがあって、子どもなりにその行動規範に従わねばなりません。外あそびでは、集団の中での規律を理解するための基本的要素、協力の態度など、社会性の内容が豊富に含まれているため、それらを十分に経験させることによって、社会生活を営むための必要な態度が身についてきます。

　つまり、各種の運動実践の中で、指示にしたがって、いろいろな運動に取り組めるようになるだけでなく、仲間といっしょに運動することによって、対人的認知能力や社会的行動力や規範意識が養われていきます。こうして、仲間とともに遊ぶことで、ルールの必要性を知り、周囲への気配りと自己の欲求を調整しながら、運動が楽しめるようになっていきます。

7.　疾病予防・治療的効果

　様々なタイプの運動障害が起こってくるのは、脳から調和のとれた命令が流れない・受け取れないためです。運動障害の治療の目標を、運動パターンや動作、または、運動機能と呼ばれているものの回復におき、その状態に応じた身体活動をさ

せることによって、筋肉の作用、平衡、姿勢、協調、運動感覚（自分のからだの各部が、どんな運動をしているかを認知できる感覚）、視覚、知覚などの日常における運動を組み立てている諸因子の調和を図ることができるようになります。

　機能の悪さは、子どもがひとりで生活できる能力やあそびを楽しむ能力を奪ったり、抑制したりします。そこで、正常で、効率的な活動パターンを外あそびの実践の中で学んでいくことによって、子どもたちは能力に見合う要求を満たすことができるようになります。

　また、言葉を発しない障がい児は、思考や感情を十分に表現できないので、種々の外あそびの中でからだを動かして感情や欲求の解放を図ることができます。

　長時間のデバイス使用は近視発症のリスク要因となることが複数の研究で示されており、屋外で過ごす時間の著しい減少と、デバイス使用時間の増加は、近視発症を引き起こす可能性が高いです。また、長時間のデバイス使用は、姿勢に影響し、子どもの頭部や頸部屈曲を引き起こす可能性があります。外あそびの効能は、1日2時間の屋外での身体活動は、近視の発症や進行を抑制し、子どもの近視リスクを低下させます。屋外での身体運動は、循環器系や筋骨格系の発達、自律神経機能の亢進を促します。また、台湾では、1日2時間の外あそびが、近視の新たな発症を半分に抑えるという調査結果を発表しています。

8.　安全能力の向上

　外あそびで、からだを動かして体力や運動技能を身につけることは、生命を守る技術を習得していることであり、自己の安全能力の向上に役立ちます。バランスをとりながら移動したり、バランスを崩しても、手が前に出て保護動作が出たり、顎を引いて頭を守ったり、全身の筋力で踏ん張って姿勢を維持させようと努力したりできるようになっていきます。

　また、ルールや指示に従う能力が育成されてくることによって、事故防止にもつながります。

9.　日常生活への貢献と生活習慣づくり

　「睡眠をよくとり、生活のリズムづくりに役立つ」「運動後の空腹感を満たす際に、偏食を治す指導と結びつけることによって、食事の指導にも役立つ」「汗ふきや手洗いの指導を導入することによって、からだを清潔にする習慣や態度づくりに役立つ」等、基本的生活習慣を身につけさせることにもつながります。

　いろいろな運動あそび経験を通して、子どもたちにあそびや身体活動の楽しさを十分に味わせることは、日常生活はもちろん、生涯を通じて自ら積極的に運動を実践できるようにします。そして、「からだを動かし、運動することは楽しい」とい

うことを体得させていくことができます。つまり、力いっぱい運動することによって活動欲求を満たし、運動そのものの楽しさを子ども一人ひとりのものとするとき、その楽しさが子どもの積極的な自発性を引き出し、日常生活を通じて運動を継続的に実践する態度へと発展させることができます。

　外あそびの効能として、太陽光を浴びながらの外あそびは、子どもの体内時計を整え、睡眠不足を解消し、生活リズムの悪循環を改善する一点突破口となります。健全な生活リズムと外あそびの実践は、自律神経の発達を促し、体調・情緒安定させます。

（前橋　明）

10.　自然の知識と自然との関わり

　子どもたちが自然の環境の中で、産物や実物に触れる経験から感じ、学ぶことが生涯を生きる力の育み（基礎）として大切です。外だからこそ、方角を太陽の位置や地形、感覚などで理解できるようになります。方向感覚や空間認知能力を育むとともに、暗くなりかけたら家に帰る等、自然界の変化を学べます。

　自然の中で、「何」好奇心 →「知りたい」興味 →「わかる」知識 →「もっと、知りたい」満足 → 次への意欲へと連鎖し、知識が増えた分、考える力がついていきます。例えば、木に登る際、次はどの枝をつかんでどこに足をかけたら登れるかを考えながら、からだを動かし、失敗を繰り返しながら、より安全

に高く登れるようになっていきます。その過程こそが、生きる力の基礎づくりにつながる重要な学びの場なのです。そして、自然の中だからこそ、急かさずに自分の思いに没頭できる時間の確保やいつの生活時間とは違う時間の流れを感じ、「戸外で、ゆったりと時間を過ごす」ことができるのが自然の良さです。

（佐々木幸枝）

　自然から学ぶものは大きく、ゆえに、今、改めて自然を保護し、環境を維持し、守っていく取り組みが必要と考えます。このことが、近隣の公園や校・園庭の整備にもつながっていきます。

　このように、発達刺激としての外あそび実践は、身体的発達を助長するばかりでなく、そこから結果として、情緒的な発達、社会的態度の育成、健康・安全に配慮する能力などを養い、人間形成に役立っていく、必要不可欠で、かつ、極めて重要なものといえます。

（前橋　明）

第2章
外あそびの魅力

1. 子どものあそび場について

　子どもは、「あそび場と家とが近いところ」「自由にはしゃげるところ」であれば、安心して、あそびを発展させることができます。筆者が子どもの頃は、道路や路地、空き地でよく遊びました。遠くに遊びに行くと、あそびの種類は固定されましたが、家の前の道で遊んでいれば、あそびに足りないもの（必要な道具）があると、すぐに家から持ってくることができました。遠くのあそび場であれば、あそびの道具や必要なものを取りに帰って、再度、集まろうとすると、多くの時間がかかりました。ですから、家から近い所は、たとえ道路であっても、それは居心地の良い空間だったのです。

　子どもの特徴として、集中力の短い幼少児期には、家の前の道路や路地は、ほんのわずかな時間で、ものを取りに帰ることができ、短い時間であそびを発展させたり、変化させたり、

継続できる都合の良い場所でした。中でも、幼児は、長い間、続けて活動できませんし、活動や休息の時間は、きわめて短いのです。さらに、休息の仕方も何かと動きを絶やさない形で休息します。つまり、幼児の活動と休息は、短い周期でくり返されていきます。

　このリズムが、まさに、子どもの「あそび」と「ものを取りに帰る時間（休息）」との周期に合っていたので、親が迎えに来るまで、いくらでも楽しく遊ぶことができていたのでしょう。

　なお、道路や路地も土だったので、好きな落書きや絵が描けたし、石や瓦を投げても、地面の上で止まりました。雨が降ると、水たまりができるので、水あそびもできました。地面は、あそびの道具だったのです。また、相撲をしても、アスファルトやコンクリートとは違い、転んでも痛くなく、安全でした。親は、家の台所から、遊んでいる子どもたちの様子が見えていたため、安心していました。いざというときにも、すぐに助けることができました。

　今日のように、単に安全なスペースがあって、緑の景観を整えて、落ちつきのもてる地区の一か所に、「子どものためのあそび場を作りましたよ」では、子どもは遊ばないのです。また、自由にはしゃぐことができなければ、子どもは自由な活動を抑えてしまうのです。「静かにしなければ迷惑になる」「きれいに使わないといけない」「土を掘ってはいけない」「木に登ってはいけない」「球技をしてはいけない」という条件のついた

空間は、子どものあそび場には適さないのです。

　自然とのふれあいをもっと大切にして、子どもたちが「自らの発想を実際に試みること」を応援してもらえるような公園（施設）と見守り（監督）が必要です。つまり、木に登ったり、地面を掘って基地を作ったり、子どものアイデアを、もっと試みさせてもらえるあそび場や公園が求められているのです。

　とくに、外あそびの実体験を通して得た感動体験は、子どもの内面の成長を図り、自ら考え、自ら学ぶ自立的な子どもを育んでいきます。したがって、幼少児期には、自由に公園や広場などのあそび場を使ってはしゃげることが大切で、それらのことが、子どものあそびを、いっそう、発展させていくのです。

2.「三間（サンマ）」の重要性と戸外で汗の流せる「ワクワクあそび」のススメ

　子どもが健全に育っていくためには、「時間」「空間」「仲間」という、3つの「間」が必要不可欠です。ところが、現代はこの「三間（サンマ）」が喪失し、どうかすると「間抜け現象（前橋　明 2003）」に陥っています。運動して、エネルギーを発散し、情緒の解放を図ることの重要性を見逃してはならないのです。そのためにも、とくに幼少児期には、2時間程度の午後の外あそびが非常に大切になります。

　この「間抜け現象」が進行する中で、気になることは、子ど

もたちの大脳（前頭葉）の働きが弱くなっているということです。鬼ごっこで、友だちから追いかけられて必死で逃げたり、木からすべり落ちそうになって一生懸命に対応策を試みることによって、子どもたちの交感神経は高まっていきますが、現在ではそのような、安全な外あそび環境の中での架空の緊急事態がなかったり、予防的に危険そうなあそびは制止され過ぎて、発育発達上、大切な大脳の興奮と抑制体験が、子ども時代にしっかりもてなくなっているのです。

　あそびを通して、友だち（人）とのかかわりの中で、成功と失敗をくり返し、その体験が大脳の中でフィードバックされていくと、大脳の活動水準がより高まって、おもいやりの心や将来展望のもてる人間らしさが育っていきます。

　また、ワクワクして熱中するあそびの中で、子どもたちはエネルギーをしっかり発散させて、情緒も安定し、さらに時間の流れや空間の認知能力をも発達させていきますが、あそびの時間や空間、仲間という３つの「間」が保障されないと、小学校の高学年になっても、興奮と抑制のコントロールのできない幼稚型の大脳のままの状態でいることになります。つまり、大人に向かう時期になっても、押さえがきかなく、計画性のない突発的な幼稚型の行動をとってしまうのです。

　子どもたちと相撲や取っ組み合いのあそびをしてみますと、目を輝かせて何度も何度も向かってきます。そうやって遊び込んだときの子どもは、興奮と抑制をうまい具合に体験して、大脳（前頭葉）を育てているのです。今の子どもは、そう

いう脳やからだに良い外あそびや活動へのきっかけがもてないのでしょう。

　生活の中で、育ちの旺盛な幼少年期に、外でからだを使う機会がなくなると、子どもたちは発達しないうちに衰えていきます。便利で快適な現代生活が、発育期の子どもたちの発達を奪っていきますので、今こそ、みんなが協力し合って、子どもの心とからだのおかしさに歯止めをかけなければなりません。そのためには、まず、子どものあそびを大切にしようとする共通認識をもつことが重要です。

　「安全な外あそびの中で、必死に動こうとする架空の緊急事態が、子どもたちの交感神経を高め、大脳の働きを良くすること」「外あそびの中では、成功体験だけでなく、失敗体験も、大脳の前頭葉の発達には重要であること」「子どもたちには、日中にワクワクする集団あそびを奨励し、1日1回は、汗をかくくらいのダイナミックな外あそびが必要なこと」を忘れないでください。

3.　旬の食べ物・四季のあそび、外あそびを大切に

　今日の子どもの生活を見渡すと、食べ物でも、運動でも、季節や自然との遊離を強く感じるようになってきました。野菜や魚介などの実りの時季で、最も栄養価が高くなって、一番味の良い時季のことを旬と言いますが、今日では、四季の変化に

応じて、旬のものを食べることも、四季ならではの外あそびや運動をすることも少なくなり、メリハリがなくなってきたように感じます。

　筆者が子どもの頃（昭和30年・40年頃）は、いちごは初夏からしか食べられませんでした。しかし、今では、1年中、いちごが店頭に並び、いつでも食べられるようになりました。また、夏には、暑いので水あそびや水泳をしました。冬に湯を沸かして、泳ぐことはしませんでした。水あそびが始まると、そこに泳ぎや潜りの競争あそびが自然に始まりました。知恵や創造性が、四季折々に大きく育まれていたのです。この四季の特徴を生かしたあそびが、季節の旬の活動であり、そこで多くのあそびのバリエーションが子どもたちの知恵（創造性）により生み出され、その工夫の積み重ねと活動体験が生きる力の土台となっていったのです。

　つまり、かつての子どもたちは、自然の変化に応じて、その時々の旬の食べ物を食べ、豊かな栄養を得て、季節の特徴を生かして考えだした外あそびや運動を楽しんでいたのです。また、四季があるということは、寒いときもあり、暑いときもあるということですから、それだけ幅の広い温度差に接し、からだも、その差に対する対応力や抵抗力を身につけなければならないわけです。

　もっと自然にふれて、暑いときには、暑いときにしかできない旬の外あそびや運動をしっかり経験させることで、子どもたちは自身の自律神経の働きをよくし、身体機能を向上させる

だけでなく、人間のもつ五感を十分に養い、豊かな感性を四季の変化の中で、自然な形で育てていくことにつながっていきます。

　自然破壊が進む中で、私たち大人は、子どもたちにもっと自然の大切さや魅力をあえて教え、とりわけ、日本では四季の変化に応じた自然からの恵みを受けていることを感じさせ、その幸せを感じる外あそび体験をしてもらいたいものです。

　自然に対し、自然からの感動や安らぎを得た経験をもつ子どもたちこそ、本当の自然の大切さを感じることのできる大人になっていくことができるのです。

4. 冬の運動と体力づくり

　冬場は、寒くて外に出るのもおっくうになりがちです。これは、大人の感覚で、『子どもは風の子』と言われるように、少々の寒さも平気で元気に外で走り回って遊ぶ姿が見られます。しかし、夏と冬の気温差は、東京では約20℃もあり、冬には昼の時間が夜より約4時間程度も短くなります。ですから、子どもたちは遊んでいるようでも、1年間というサイクルの中でみますと、冬場は活動量が1年の中では最も少なくなる時期だと言えるでしょう。このような自然環境の変化は、子どもの活動性を変化させるとともに、冬に体重の増加率は大きくなり、ヒトのからだにも影響を及ぼしていきます。

　子どもたちが寒い時期に外に出て運動しないのはしょうが

ないかと思われるかもしれませんが、ここで、寒い中、外で遊ぶことや運動することの意義や方法を考えてみます。

（1）冬は気温が低いため、たくさん運動しても汗をかきにくく、疲労しにくいと考えられます。したがって、夏場よりも運動量を確保しやすいのです。

（2）冬の外あそびで、気温が低い外の空気に触れると、からだは、体温を逃がさないように鳥肌を立てます。このことは、からだの恒常性を保つ自律神経の働きを活発にすることにつながります。

（3）気温が低いと血管は収縮しますから、心臓には負荷が大きくなります。つまり、血液を送り出すために、心臓もしっかり活動しなくてはならないということです。

（4）外あそびをすることで適度な疲労があると、熟睡のための効果があります。

（5）外あそびの種類としては、からだが暖まって、ある程度の時間は継続できる全身運動的なあそびがよいでしょう。例えば、鬼ごっこ、かけっこ、ボールあそび、なわとび、少し長い距離の散歩あそび等があげられます。

したがって、寒い時期こそ、外でからだをしっかり動かして外あそびに熱中することは、子どもたちのからだの発育や発達にとって、大変良い刺激となるといえます。このようなことから、体力低下・運動不足の問題が指摘される今の子どもたちにとって、冬こそ、外で遊ぶ時間をもっとつくってもらいたいのです。

5. 子どもの「外あそび」の重要性に、社会の 皆さんの理解がほしい

　近年、家庭における子どもたちは、室内でテレビやゲームで遊ぶことが多く、外に出て全身をフルに使って遊んだり、運動したりすることが少なくなってきました。また、遊ぶ場があっても、保護者の方に関心がなければ、子どもを外あそびになかなか出さないのが実状でしょう。

　もちろん、事故やケガ等を心配してのこともありますが、身体活動量の不足は、脳や自律神経、ひいては、心の発達にも大きな負の影響を及ぼすことが、保護者の方々を含め、社会全般にも十分に認知されていないことが、子どもの健全育成にとっての大きなブレーキになっています。

　外あそびの必要性を多くの人々にご理解をいただくために、まずは、保育・教育・保健・体育関係のリーダーの方々が、率先して保護者の方々や社会に発信していくことが大切でしょう。そして、運動嫌いの子どもたちには、ぜひとも、外あそびの魅力を味わわせていただきたいと願います。

（1）　園や学校での様子をみて

　園や学校での子どもたちの様子を観察してみますと、自由時間や休み時間に、園庭や校庭、運動場で遊ぶ子どもたちの姿が減ってきています。園や学校によっては、独自の特色ある体

力向上プランの工夫と実践をされているところもありますが、近年、小学校では体育時数削減により、体力向上の継続的な取り組みができにくい状況にもあります。

　また、指導者の方によっては、子どもの体力低下に対する危機感が薄かったりすることもありますので、**ぜひとも、指導者層に、子どもの「外あそびの重要性」に理解と関心のある方を増やしていきたいものです。**

（2）　地域での様子をみて

　地域では、親子クラブや子ども会をはじめ、児童館・公民館活動組織、育成会、社会体育クラブ等が、子どもたちの健全育成を願い、あそびや運動、スポーツによる様々な行事や活動、教室を実施していますが、現在、そこに参加する子どもと参加できない子どもの二極化がみられます。

　また、それぞれの組織の連携が密になっているとは言えない現状もみられていますので、参加したくてもできない子どもへの呼びかけや誘い、各組織間のネットワークづくりに、みんなで目を向け、力を入れていきたいものです。とくに、地域のひらかれたあそび場や居場所が不足する現状が続くと、家庭の経済格差が子どもたちの体験格差につながってしまうことが懸念されます。習いごとやスポーツクラブ、週末の外出など、お金のかかる体験活動の実施率は、家庭の収入に比例していくことも明らかですので、注意が必要です。

　さらに、総合型地域スポーツクラブも、各地で立ち上げら

れてはいますが、一部地域に限られているようにも感じます。子どもと「外あそび」とのかかわりを、より深めていくためには、これまでの地域のリーダーや社会体育の指導者育成、そして、私どもの提案する「外あそび推進スペシャリスト」の養成と、地域の外あそび環境づくりが、今後もいっそう重要となるため、市民や地域でできないことへの「行政のご理解とご支援」に大いに期待したいものです。

6. 日中の外あそびや運動に集中する知恵

　子どもの生活リズム上の問題点の解決は、「就寝時刻を早めること」ですが、そのためには、「子どもたちの生活の中に、太陽の下での外あそびを取り入れること」が極めて重要です。子どもの場合、夜型化した生活リズムに関する問題解決のカギは、毎日の運動量にあると考えますから、まずは、子どもの生活リズムを立て直すための「日中の外あそびや運動に集中するための方法」を探る必要があります。

　そこで、その方法をいくつか考えてみましたので、紹介しておきます。各家庭で、手軽にできることから始めて下さい。

　・前夜からよく寝て、疲れを回復させておく（十分な睡眠をとらせておく）。

　・朝食をしっかり食べさせる。

　・朝にウンチをすませ、すっきりさせておく。

　・朝、子どもを気分よく、笑顔で送り出す。

・歩いて登園させて体温を高め、朝のからだをウォーミングアップさせる。

・のびのびと遊べる外あそび空間を用意する。

・友だちと遊べる環境を用意する。

・自由な外あそびの時間をしっかり与える。親が自分のこと（家事）ばかりに気を取られないように、子どもの外あそび時間を確保する。

・親（保育者）も子どもといっしょに遊ぶ。

・楽しさの経験ができる外あそびを紹介・伝承する。

・季節の外あそびや運動の楽しみ方を、親が実際の体験を通して教える。

・テレビ・ビデオはつけず、おやつや食べ物は目につかないようにする。

・子どもの興味のある外あそびや運動をさせる。

・好きな外あそびや運動をしているときは、そっとして熱中させる。

・上手に運動しているところや良い点は、オーバーなくらいしっかり誉め、自信をもたせ、取り組んでいる戸外運動を好きにさせる。

・子どもが「見てほしい」と願ったら、真剣に見て、一言、「よかったよ」とか、「がんばったね」と言葉を添える。

・幼児には昼寝をさせて、からだを休めさせる。

・子どもが服を汚して帰ってきたら、叱らずに「よく遊んだね！」と言って誉めてあげる。

・ふだんから、からだをよく動かす習慣にしておく。

7. 子どもにとっての安全な外あそび場

　子どもの行動は実に多様で、予想外の場所や動きから、大きな事故の発生することが予測されます。子どもたちが健康でケガや事故のない生活を送るためには、私たち大人が、子どもの利用する施設や設備の環境整備を十分に行い、毎日の安全点検を怠らないことが基本です。それと同時に、あらゆる場面で発生する事故を予測し、未然に防ぐために、日頃から子どもたちへの指導や配慮も必要です。せっかく安全な環境が整っていても、安全指導が欠けているために事故につながることは問題です。

　しかし、近年の子どもたちをみていますと、戸外での生活経験や外あそびの実践が少なくなり、社会生活の中においても、して良いことと、悪いことの区別もつきにくくなってきています。さらに、親として、子どもに危険なことはさせないようにするために、危険と思われる事柄をむやみに禁止することだけで対応している方も多くなりました。ただ禁止するだけでは、子どもの中に、危険を察知し、判断する力は養われにくくなります。子どもたちに、危険な理由やその問題点を具体的に知らせたり、考えさせたり、また、日頃から危険を回避するからだづくり・運動能力づくりを行って、子どもたちの安全能力を高めていく工夫や指導が求められます。

そこで、施設設備の安全上の基本のチェックポイントを、外あそびの場をとり上げて、紹介します。

（1）　園庭や公園の広場

①地面の排水が良く、滑りにくい状態であること。

②フェンスや塀の破損がないこと。

③石・ガラスの破片、その他の危険物がないこと。

④マンホールや側溝のふたが安全であること。

⑤災害発生時の避難場所や避難経路が確保されていること。

（2）　砂　場

①適切な湿気や固さで、砂の状態が維持されていること。

②木片やガラス、小石などを除いておくこと。

（3）　すべり台

①腐食やさび、破損がないこと。

②着地面に十分なスペースがあり、安全性が確保されていること。

（4）　ブランコ

①支柱に、ぐらつきや破損、腐食のないこと。

②前後に柵を作り、他児との接触・衝突事故が起こらないように配慮されていること。

（5）　のぼり棒・うんてい・ジャングルジム

　①支柱にぐらつきや、支柱とのぼり棒のつなぎ目、設置部
　　分に破損や腐食がないこと、子どもの手や足の入る小さ
　　なくぼみや穴のないこと。

　②周囲に危険物がなく、基礎コンクリートが露出していな
　　いこと。

（6）　鉄　棒

　①支柱がしっかりしていること。

　②年齢に応じた高さのものが設置されていること。

　③接続部分が腐食・破損していないこと。

　保護者の方々だけでなく、園や学校の先生方、地域の
人々、行政などの施設管理者の方々を中心に、大人たちみんな
が協力し合って、子どもたちの安全環境を整え、日々点検し、
子どもたちのあそびや活動を暖かく見守っていただきたいもの
です。

8.　公園での安全な遊び方

　幼少年期に体力や運動能力を高めるためには、運動あそび
を公園で楽しく、安全に行う方法が有効です。そこで、公園で
安全に楽しく遊ぶための約束事をお伝えします。

　まずは、服装からです。動きを妨げない服装であるかを、
大人が確認してあげましょう。

（1）上着の前を開けっ放しにしないこと。ファスナーを閉めたり、ボタンを留めたりしましょう。

（2）靴のかかと部分と足のかかとをピッタリと合わせて、しっかり固定して脱げないようにすること。靴を履いたら、地面にかかとを数回つけてトントンと履き具合を確認し、脱げないようにしましょう。

（3）カバンは、置いて遊ぶようにすること。

（4）ひもつき手袋やマフラーは、はずして遊ぶこと。遊具に引っかかった場合、両手が使えなくなったり、首を絞めたりするような危険が伴います。

　次に、実際の運動遊具の使い方です。安全な遊具でも使い方を誤ると、ケガや事故が起こります。初めて遊ぶ遊具は、指導者や大人が事前に安全を確認して、使い方を子どもたちに教えてください。

（1）遊具の上に上がったら、上から物を投げないこと。

（2）飛び降りはしないこと。まわりの小さい子も見ています。まだできないのに、真似て飛び降りることがありますので、公園での飛び降りは控えさせること。

（3）遊具にひもを巻きつけて遊ばないようにすること。

（4）ぬれた遊具で遊ばないこと。

（5）壊れた遊具では遊ばないこと。壊れている遊具を見つけたら、先生や大人の人に伝えること。

　以上の準備ができたら、遊具の使い方やマナーを守って、公園で楽しく、安全に遊びましょう。

9.　子どもと紫外線

　「シミやシワを生み、老化だけでなく、癌をも誘発する紫外線。オゾン層の破壊・減少で、紫外線による害は、これからますます多くなる」という報道や情報を受けて、保育園や幼稚園に対し、「わが子を太陽の下で遊ばせないで下さい」「裸でプールへ入れないで下さい」「日除けつきの特製帽子を必ずかぶるようにさせて下さい」等と、過敏な要望や訴えをされる保護者の方がでてきたようです。したがって、保育者や教師の研修会では、先生方から「健康的な子育てと太陽の下での外あそびの奨励をどのように考えたらよいのか」「プールは禁止にしなければならないのか」等という質問をよく受けます。

　確かに、布団干しや日光消毒で有益な殺菌作用のある紫外線C波でも、その量が多すぎると（特別な地域です）、皮膚の細胞を傷つけることがあります。また、エリテマトーデスという病気の子は日光過敏症があって発疹が出ますから、日光を避けなければなりません。ですから、医師から特別な理由で陽光を避けたり、控えたりする指示をいただいているお子さんは、必ず医師の指示にしたがって下さい。

　しかしながら、健康なお子さんの場合は、普段の生活上での紫外線は問題ないと考えた方がよいでしょう。日常、私たちが受ける紫外線の主な光源は太陽ですが、短い波長の紫外線は大気圏のオゾンに吸収され、中でも短いC波は自然界では大

気中でほとんど吸収されるため、日常生活での紫外線で皮膚癌はまずないと思って下さい。つまり、健康やからだづくりに欠かせない紫外線の効果に目を向けていただきたいのです。

　紫外線は、電磁波の総称、波長によって A 波（長波長）と B 波（中波長）と C 波（短波長）の 3 種類に分けています。この中で、健康に欠かせないのが A 波と B 波で、A 波には細胞の活動を活発にして、その生まれ変わりを促進させる作用があります（日光浴）。B 波には、皮膚や肝臓に蓄えられたビタミン D_2 をビタミン D_3 に変える役目をし、食物から摂取したカルシウムを体内カルシウムに再生し、骨格を作り、神経伝達を良くします。つまり、骨が丈夫になり、運動神経が良くなるのです。骨粗しょう症の予防にも、日光浴は重要な因子となります。また、ビタミン D_3 は免疫能力を高めるので風邪を引きにくく、病気の回復が早まります。このビタミン D_3 は、食べ物から摂ることはできず、からだが紫外線を浴びることでしか作れないのです。

　したがって、日常の紫外線に発癌のリスクがあれば、厚生労働省や文部科学省をはじめとする関係機関は、外あそびやプール等の戸外活動を禁止するはずですから、子どもたちの健康生活のためには、現状では、外あそびや運動実践を、ぜひとも大切にしてあげて下さい。

第**3**章

乳幼児や障がい児の感覚あそび・知覚・運動訓練から体育指導へ

1. 運動の起こる仕組みから、障がい児の抱える問題を探ろう

　子どもたちの前で、○印を見せて、同じように描いてもらう際、きちんと○印を描けている場合は、外界からの情報の入力（感覚器・知覚神経）、大脳での意識・判断、大脳からの命令による出力（運動神経・筋肉・骨）のいずれも問題なく機能していることになります。

　しかし、○印がうまく描けなかった場合、子どもに見本の○印と同じであるか否かを確認し、きちんと、問題点が答えられる場合は、入力や脳も機能には問題はありませんが、出力に問題があることになります。

　このような子どもに対しては、ゆとりの時間や何回も挑戦可能との指示を与えることで、問題が改善できれば、機能向上の可能性は大いにあると考えます。

しかし、子どもに確認しても、子どもの方がわからない場合は、①入力（感覚器・知覚神経）の問題、または、②脳の問題、あるいは、③入力と脳のあわせた問題のいずれかに疑いをもつことになります。

以上のことから、身体運動の発現は、外界からの刺激となる情報を、まず、受容器（目・耳・手など）で受け止め、その情報は知覚神経を通って大脳に運ばれていき、大脳ではその情報をしっかり受けとめ、判断し、すべきことを、運動神経を通って筋肉に伝えることで、筋肉が収縮し、付いている骨をいっしょに動かすことによって、運動や行動が生まれていきます。

そして、思うように運動ができたかどうかという点について、次の刺激の際にフィードバックされながら、反省・調整していくことで、さらなる良い動きを作っていきます。

このように、各過程が大切であり、連携し合うことで、よい動きを作っていくメカニズムとなっています。そして、運動スキルを獲得・さらなる向上を期待するのであれば、子どもの生活リズムを整えてすっきりとしている状態で、技術練習に向かうようにさせることが重要です。

2. 感覚の大切さと感覚訓練

　子どもたちの中には、感覚に遅れがあったり、鈍麻、過敏になりすぎたりしている子どももいます。そのため、感覚に遅れのある子どもたちには、感覚を磨くことが大切になってきます。感覚の中でも、手のひらや、手の指、足の裏、口唇、舌、顔面などの受容器は、情報の入り口として非常に重要です。

　感覚器へ刺激を与えて、受容器としての機能を鍛えるために、日常のあいさつにおいて握手をしたり（手のひら）、風を送ったり（皮膚）、ボールプールに入ったりして、脳や神経への刺激と活性化を図ることで、子どもたちの身体部分（手・足・ひざ・指など）とその動き（筋肉運動的な動き）を理解する「身体認識力」が育つようになっていきます。身体認識力がついてくると、鏡の前で、鏡に映った自分やからだを見ながら、鏡あそびをし始めます。

　そして、しだいに自分のからだと自己を取り巻く空間について知り、からだと方向、位置関係（上下・左右・前後・高低など）を理解する「空間認知能力」が育つようになっていきます。

3. 運動のために必要な保護動作や姿勢維持の バランス能力の獲得

（1）　保護動作の獲得

　「空間認知能力」が育つと、ジャングルジムやすべり台など の遊具で、安全に遊ぶことができるようになりますが、転倒す る可能性も出てきます。転倒時に、自分のからだを守れるよう に、「保護動作」を獲得する必要があります。

　なかなか手が前に出ない子どもに対しては、ロールマット に寝転がり、手を前に出した状態で前後に揺らしたり、それで も手が前に出ない場合は、子どもの好きな遊具を前に置いて、 前に出した手を遊具に触らせてあげたりすることにより、ケガ や事故を防ぐ「保護動作」誘発と獲得の訓練になります。

（2）　平衡感覚の獲得

　転ぶ前には、しっかりとした「平衡感覚」を獲得しておく 必要があります。そのための方法として、バランスボールの揺 れの刺激によって平衡感覚を養ったり、バランスボールの中に 立ってキャッチボールを行ったりする訓練が有効です。

　また、天井から吊るされたロープにタイヤをつけ、そこに うつ伏せとなって揺れることにより、からだの使い方やバラン スのとり方を学ぶ方法もあります。

　家庭でも、バスタオルに子どもを乗せ、ブランコのように

揺らすことで、子ども自身も揺れの刺激を感じたり、バランス感覚を身につけたりすることに繋がっていきます。

　でんぐり返りや片足とびができない、階段を一段一足の交差パターンで降りられない、小学生になっても片足立ちができない、ブランコで立ちこぎができない、線上を歩いたり、走ったりできない、といった子どもには、重力に対して自分のからだをまっすぐに保つという「立ち直り反射」や「平衡反応」を強化することが重要です。

　また、身体知覚に問題があると、自分の空間的位置をとらえることと、それに応じたからだの動かし方がスムーズに行われないので、高いところや不安定なところを恐がることがあります。そのような子どもには、全身運動を取り入れ、自分のからだの大きさや長さ、幅などがこれくらいという感覚であるボディーイメージをつくらせたり、逆さ感覚を育てたりしながら、恐怖心を取り除くようにします。

　・高い高い、逆さ感覚をつかませるぐるぐる回し
　・大玉乗り、ハンモック、不安定な位置に慣れさせるゆりかご運動
　・平均台や床に置いたロープに沿っての歩行練習
　・鉄棒、ハンモック、トランポリン等を使って、回転したり激しく動いたりした後で、からだのバランスが保てるようにし、立ち直り反射の促進を図ります。
　・小さくなって鉄棒の下をくぐったり、物をよけて進んだりするゲーム等をして、自分のからだの大きさを感じ取

らせる働きかけをします。

4.　障害別にみた障害の内容と発達や運動の特徴

（1）　知的障がい児

　知的障害は、知的発達の遅滞の程度が、意思疎通が困難で、日常生活において支障があり、援助を必要とする子どもたちのことを言います。知的障がい児の発達の大きな特徴は、発達のスピードが健常児と異なることです。身長と体重は、全体的に低く、最も身長の伸びる時期（最伸急期）は、男子で5～6歳、女子で8～9歳と、健常児に比べてとても早い時期に一気に背が伸びます。したがって、この時期に、適切な栄養摂取や運動の機会が必要でしょう。

　また、知的障がい児の運動能力は、健常児に比べて平衡機能の著しい遅れが目立つ一方で、つかんだものはなかなか手放さないというように、筋力面は長けていることがあります。また、通常は、運動によって、笑う、叫ぶ、話すという感情表現を通して、全身の感覚機能が発達していきますが、知的障害の場合、知的に遅れや障害があると、奇声は別として、思い切り感情を出す、例えば、怒りをぶつける、おかしくて大声をだす等の機会が少なく、感情やからだの心肺機能、とくに肺が育っていかず、かたくなになりがちです。

　したがって、大声で笑う、声を出す、叫ぶ、深呼吸すると、リラックスできるようになっていきます。運動には関係な

いようですが、「声を出す」ことは、運動指導の第一歩と考えることができます。

（2）　聴覚・言語障がい児

　聴覚障がい児とは、聴覚系機能に障害があるために、補聴器を利用しても、通常の話し声を理解することが不可能か、著しく困難な子どもたちのことを言います。また、言語障がい児とは、コミュニケーションの過程において、言語学的・生理学的レベルの障害や知的障害などの知能、運動障害と付随した障害があり、言語がまったく表出されないか、あるいは不自由で、思うように相手に理解されにくいことがあります。

　したがって、聴覚・言語障害は、耳が聞こえないために話す機会が減り、おのずと言語に障害が起きるという関連がみられます。

　とくに、聞こえの悪い子どもほど、呼吸が浅く、息の調節が下手になってきます。これは、通常、健常者は口の開け方、息を調節しながら音声を発していますが、話すことをしていないと、息を調節する機会が減るため、このようになります。

　聴覚・言語障がい児の体力・運動能力は、平衡能力のうち、その場での静的平衡能力は劣りませんが、動きを伴う動的平衡性は劣るという特徴があります。また、いくつかの動きを組み合わせる協応動作の発達にも遅れがみられるため、音楽に合わせてなめらかに踊るといったリトミックやダンス、あるいは、旗を振って「よーいドン！」というように、旗が振り上げ

られるのを目て見て確認すると同時に走り出すような動きは苦手です。単に走る、跳ぶという動きはできますが、目と手と足をいっしょに協応させて動かす発達が遅れるため、タイミングをつかむ能力が劣るということです。つまり、子どもたちは、目と耳の両方を使って、外からの情報を受け入れて、動きにつなげているのです。

（3）視覚障がい児

　視覚障害とは、矯正視力が0.3未満を指します。まったく見えない場合は全盲と呼ばれますが、実際には、生まれたときからまったく見えない子どもはほとんどいません。今いる所の明暗や人が通るくらいは、なんとなくわかることが多いようです。

　視覚障がい児は、視覚の欠損によって視覚的刺激が少ないために、行動範囲や身体活動が制限されます。そのような視覚障害による運動能力の特徴をみますと、おもに瞬発力や敏捷性、持続力に遅れがみられます。瞬発力は、瞬時に筋力を発揮する力ですから、目標となるものや方向を目で見定めて動くときに、それが見定められないために、瞬発力を思い切って効率よく発揮できないのです。

　また、敏捷性は、動きが速いだけでなく、その動きに方向転換が加わることを言いますので、これも視覚からの情報をもとに、すばやく判断して、方向転換を加えながら動くという点で、視覚障がい児にとっては力を発揮しづらいものとなってい

ます。

　もう一つ、持久力についてです。これは筋力を発揮し続けたり、動きを継続させたり、繰り返したりするので、視覚障がい児は、持久力に遅れがみられることはないように思われるかもしれません。しかし、軽いジョギングをする状況をイメージしてみてください。景色が次々と移り変わり、新しい景色を見たり、季節の変化に気づいたり、美しい自然が視界に入ったりして、視覚からの情報があることで、体力や集中力、気力を長続きさせることが、さらにできますが、その視覚からの情報がないと、ずっと暗い中で、ひたすら手や足を動かすことになります。せいぜい、自分がイメージする景色を思い浮かべることしかできません。これでは、純粋な忍耐力との勝負となりますので、持続させることは、なかなかハードルの高いものとなります。

　ただ、このような視覚障がい児の運動能力が劣るのは、体力・運動能力が単に劣っているのではなく、今までにあまり外出しない、あるいは思い切りからだを動かすことをしていないために、二次的障害として出てくると考えるのが妥当でしょう。

（4）　発達障がい児

　知能に遅れはないけれども、特別な教育的支援を必要とする子どもとして、注目されている LD（学習障害）児、ADHD（注意欠陥／多動性障害）児、高機能自閉症児、アスペルガー

症候群の子どもたちは、発達障がい児と呼ばれ、全身運動の不器用さがみられます。

　発達障がい児の特徴として、①全身運動の不器用さ（家具やドアに、からだをよくぶつける、公園の運動遊具で上手に遊べない、動作模倣が苦手など）、②手の操作の不器用さ、③姿勢の崩れ（姿勢がシャキッとしない、床に寝そべって遊ぶことが多い、落ち着きがない）等が挙げられます。

　そのほか、遊戯やリズム体操などでうまくからだがついていかない、キャッチボールやボール蹴り等の運動が苦手である、ジャングルジムに上り下りするが、くぐることが苦手である等です。このような子どもたちは、「感覚統合」に問題がある場合が多く、そのための運動を促すことが有効です。

　感覚統合とは、脳が内外からの多くの刺激を有効に利用できるよう、能率的に選択・整理し、組み合わせることを言います。この感覚統合のおかげで、私たちは外界の状況に対して、適切に反応することができます。発達障がい児は、鈍いところはぶつけても痛いと感じず、逆に過敏なところは触れられるだけで非常に痛がったり、逃げていったりします。

　このような特徴をふまえ、発達障がい児に有効な指導や支援は、

　①あらゆる刺激に平等に反応してしまうので、無用な刺激
　　は与えないようにします。

　②気が散りやすいので、不要なものは置かないようにします。

　③メリハリをつけるため、好む活動と苦手な活動の順序で
　　指導を組み立てます。

　このほか、感覚系から得た情報を選択・整理し、目的に応
じた円滑な動きを向上させる一連の指導「感覚統合訓練（療
法)」が行われています。感覚器官の使われやすい順序は、ゆ
れと関節 → 触覚 → 耳 → 目であるという原則を踏まえて行わ
れれば、効果が得やすくなります。

1）　感覚統合に問題のある場合の運動について

　手の操作が不器用であったり、からだがぐにゃぐにゃして
いて、姿勢がしっかり維持できなかったり、床に寝そべって遊
ぶことが多いという感覚統合に問題がある子どもの場合には、
そのための運動を促すことが必要です。

　「感覚統合」の力は、外界の状況に適切に反応することがで
きたり、新たな学習を行う際のやり方を工夫したりすることに
も繋がっています。今まで使ったことのない遊具も、たいてい
の子どもは、誰かに教わらなくても遊び方を自分で見いだすこ
とができますが、感覚統合に失敗している子どもは、発達・行
動・学習に不都合な問題が生じてしまいます。このような時、
専門機関において、「感覚統合訓練（療法)」が行われていま
す。

　子どもは、とくに運動あそびにおいて、様々な姿勢や動
き、全身運動、手足の複合運動、目と手の協応運動などが自然
に繰り返されるため、脳や中枢神経系の機能が高まり、必然的

に運動に関する調整力が発達します。このような経験は、粘り強く健康な生活を保持していく態度や習慣、能力をつけていくことに発展していきます。

2）　感覚あそびから全身の運動へ

　身体に触れたものに過敏に反応したり、歩いたり、走ったり、跳んだりする動きがぎくしゃくしている、スキップや縄跳びができない、ボール運動が苦手であるといった子どもたちには、身体知覚に問題がある場合が多くみられます。これは、感覚統合に問題があるということで、触覚、および、からだの向きや傾きを感じ取る感覚器官と、それに応じて、からだを動かす筋肉や関節の連携がスムーズに行われず、自分のからだの動きや方向を把握できなくなっているのです。そのために、からだの動きがぎこちなくなったり、からだ全体を協調させる運動が難しくなったりしています。

　そこで、このような子どもたちには、まず触覚による刺激を促すことが基本となります。触覚受容器への刺激は、脳で処理され、私たちが外界を知るための触覚機能へと高まっていきます。また、刺激に対して、からだを動かすことにより、立ち直り反応が促進され、身体意識の形成が促されます。さらに、触・圧刺激は、情緒の安定にも効果があります。

　次の段階として、からだの動きを意識的に言葉で言わせたり、考えさせたり、見せたりしながら、模倣や自らの活動をさせることが必要となります。そのような日常的な積み重ねが身

体意識を養い、全身を使ったスムーズなからだの動きにつながっていきます。

　次に、有効な感覚あそびや運動あそび、活動の一例を示してみます。

　①触・圧刺激を用いたあそびを多くさせます。

　・風や熱（ドライヤー）、水や湯（シャワー）

　　　風や水の勢いを調節することにより、様々に刺激の強さを変化させ、触感覚を促進します。

　・水あそび、ボールプール、砂あそび（砂、泥、ボールの代わりに、紙、スポンジ等）、フィンガーペインティング、粘土などの感覚あそび

　・マットレスや布団の上に寝かせさすったりくすぐったりします。

　　　マットレスや布団の間に、子どもをはさむ、指導者が上から軽く押さえる触・圧刺激を与えます。過敏に反応する子どもには、背臥位よりも腹臥位にして、足のようなからだの抹消部から刺激を与えていきます。抹消の触・圧刺激は、覚醒水準に影響を与えるとともに、快・不快の情動を引き起こします。

　②回転、加速度、揺れ、上下の動きを感じたり、感覚を刺激するようなあそびを多くさせます。

　これは、前庭感覚、固有感覚の統合に効果があり、からだの立ち直り反応も促進させます。トランポリンや滑り台、傾斜のマットでの転がりあそびも有効です。

③遊具に合わせた、いろいろなからだの動かし方を体験させ
　　ます。

　平均台やトンネル、はしご、マット等をコース上に配置
し、巡回して動くサーキットあそびがあります。

④身体知覚を高めるあそびやゲームを取り入れます。

・ボールのかわりに風船を使って、からだのいろいろな部
　位で運んだり、突いたりします。

・ボールの弾みに合わせて、からだを動かします。人の
　ポーズや姿勢の模倣あそびをします。

・音楽に合わせた姿勢の変換あそびをします。リトミック
　は、有効です。

・各自が背中につけたリボンを取り合って遊びます。

・的あてゲームやボウリングあそび等を取り入れ、ボール
　の扱い方に慣れさせます。

　3）　手先の不器用さとの関連

　小さな物を指先でつかめない。閉じた丸が描けない。ボタ
ンがとめられない。これらも、いわゆる感覚統合に問題がある
ために起こる現象で、目から入る刺激を受け取り、からだの動
きへと伝える器官の連携がスムーズに行われないため、細かな
運動をコントロールすることが困難になっているのです。

　このようなときは、手指を使うあそびを取り入れて、いろ
いろな感覚を発達させるような動作の訓練を行うことが必要と
なります。例えば、指あそびや粘土、積み木あそび、びんのふ

たの開け閉め、折り紙、はさみを使った活動、買い物の荷物持ち、食器洗い等の活動です。

　ただし、基本的な考え方として、手先が器用になるには、その前提条件として、体幹がしっかりし、肩や肘の動きが滑らかでなければなりません。ですから、手先の不器用さの改善についても、まずは、からだ全体の運動発達を心がけなければなりません。

4）　多動に対しての工夫

　落ち着きがなく、目が離せない、手が離せない、短時間に次々とあそびを変える、自分の順番を待てない、着席行動がとれず、活動中に立ち歩く等の多動に対しては、規制だけでは改善は望めません。かといって、決定的な指導法があるわけではありませんので、子どもの様子を見て、次のような活動を選択し、組み合わせて20〜30分行うと、効果的です。

　①感覚を調整する、ごろごろあそび、マットでの横転、乾布まさつ等、

　②からだのイメージをつくる、椅子くぐり、椅子わたり、ひもまたぎ、ひもくぐり

　③合図に合わせて動くというルールを設定しての運動、上体おこし等。

　④静止する、待つ、寝かせる、バランスボールに乗る等です。

　⑤過緊張をゆるめる、押し・ゆるめる運動や足ゆらし

⑥バランスをとる、片足立ちや、つま先歩き、かかと歩き

⑦ゆっくり動く、高ばい

⑧協応運動である、四つばい

⑨一定のペースで動き続ける、大人といっしょに歩く歩行
　運動

⑩用具を上手に使う、足での輪なげ、キャッチボール、ボ
　ウリングがあります。

　指導にあたっての配慮事項ですが、あらゆる刺激に対して
平等に反応してしまうので、無用の刺激を与えないことが大切
です。また、気が散りやすいので、不必要な物は置かないこ
と。メリハリをつけるため、好む活動と苦手な活動の順序に配
慮すること。とくに集中させたい活動は、最後にもっていく。
体育館やプレイルームでの活動の場合、自分の居場所がわかる
ように、フープを置いたり、床にテープを張ったりして、印を
与えることが必要です。また、目標達成にあたる姿が見られた
ら、その場で、すぐ大いに誉めることが大切です。

　多動の子どもは、物事をするのに、行き当たりばったりに
なる傾向がありますので、好ましい行動が見られたときは大い
に誉めることです。さらに、衝動的に行動する前に、これから
自分がする行動を、言葉で表現するように習慣づけることで、
行動のコントロールがしやすくなります。活動の始まりと、終
わりをはっきりと知らせることが求められます。

　なお、指導したことでパニックを起こしかけたときは、そ
の場から遠ざけ、気持ちが落ち着くのを待って静かに話しか

け、落ち着いた後、活動を続けます。その子どもの実態に合わせて、最初は短時間を目標にし、徐々に時間をのばしていくとよいでしょう。

5.　あそびの種類

　保育、教育、療育の現場において、「①コーナーあそび、②組み合わせあそび、③障害物あそび、④障害物競争、⑤サーキットあそび、⑥サーキット訓練」が行われています。

　「①**コーナーあそび**」とは、一定区域の小区画に設営されたあそび場のことです。子どもたちが自分で好きなあそびを選択し、自由にコーナーで楽しい運動あそびの体験がもてるようにすることが良いです。

　「②**組み合わせあそび**」とは、遊具やあそびを組み合わせることで、1つのまとまりのあるあそび場を構成したあそびのことです。そこでのあそびを通して、基本的な運動スキルを向上できるようにしたり、子ども自身が進んで遊びたくなる環境設営を心がけたりすることが大切です。

　「③**障害物あそび**」とは、スタートとゴールを設けて、その間の走路を妨げるように障害物を配置し、障害物でつくられた課題を克服してゴールに到達する遊びのことです。

　そして、これを競争として行う活動を「④**障害物競争**」と言います。「⑤**サーキットあそび**」とは、発着場所が同じ自動車レース「サーキット」から名前をとったあそびで、スタートか

らゴールまでの間に様々な運動課題をバランスよく設定し、そのコースを複数回、巡回して遊ぶあそびです。これを訓練として行う活動を、「⑥サーキット訓練」と言います。

第**4**章

幼児の運動指導上、留意すべき事項

　運動を、障害をもつ子どもたちに指導するにあたって、指導上、大切な留意事項を整理します。指導を、導入場面、展開場面、整理場面の３つの場面に分けて、検討した指導上の留意事項をまとめてみます。

1.　導入場面の留意事項

（1）　安全な環境設定

　十分な空間を確保し、まわりの人や物に当たらないかを確認してから、安全に指導を始めましょう。また、安全についての約束事は、始める前に話し合っておきましょう。なお、子どもの服装が乱れていれば、安全のため、整えてから始めましょう。指導する場所が屋内か屋外か、また、広さが大きいか、小さいかの違いに応じて、指導内容や方法を変えていくことは必要です。もちろん、危機管理も必要で、屋内であれば、ガラス

や家具の位置、屋外であれば落ちているものや穴があいていたりしないか、砂埃はまっていないか等は、とくに意識して、指導前にとり除ける危険なものについては、拾ったり、動かしたりしておきましょう。また、狭い室内で指導する場合、子ども同士の衝突事故を防ぐために、人数を半分に分けて指導を行ったり、その場で動ける内容を導入したりする必要があります。

（2）服　装

　運動を行う時の服装として、①動きやすい服装であるか、②厚着をしていないか、③屋外では、帽子をかぶっているか、④靴をきちんと履いているか、靴の後ろを踏んでいないか、⑤マットや器械系の運動時に、頭部にヘアーピンをつけていないか等をチェックして、問題があれば、それらの問題点を正してから始めることが大切です。

　指導者自身が、自分の身だしなみに注意することも忘れないようにしてください。子どもたちに、「シャツをズボンにしまいなさい」と言いながら、指導者自らがファッションにこだわり、シャツを出しっぱなしにすることのないように、また、床面で靴下履きのままで指導しないように、気をつけましょう。滑って転んで、大ケガをします。まして、子どもの補助は危なくてできません。まずは、子どもたちの模範となろうとする意識をもつことが大切です。

　なお、子どもたちの顔やからだに、自分の腕時計やアクセサリーをひっかけたりしないように、腕時計やアクセサリー

は、はずして指導しましょう。首からかけている笛のヒモに
も、要注意です。ヒモが子どもに巻きついたりしないように、
笛を首からぶら下げての実技指導は控えましょう。フードつき
のウェアーでの指導も、視界を妨げたり、動きを止めたりする
可能性があるため、控えましょう。子どもたちの顔やからだを
ひっかいて傷つけたりしないように、爪を切りそろえておくこ
とも重要です。

（3）　指導者の立ち位置

　屋外で指導を行う場合には、太陽の位置や風向きに注意す
ることが必要です。話を聞く子どもたちに、太陽光や風が直
接、正面からあたるような指導者の立ち位置は、子どもがまぶ
しかったり、寒かったりして、集中力をそぐことになります。
子どもたちが、太陽や風を背にして位置できるように心がけま
しょう。

　また、子どもたちの前に、楽しそうに遊ぶ他の子どもたち
がいたり、車の出入りが目に入ったりすると、子どもたちの注
意がそちらに移ってしまい、集中力が奪われますので、子ども
たちの正面には、指導者以外に、注意の向くような人や物がな
いように、指導者は立ち位置を決めて下さい。

　年少の子どもたちを指導する場合には、集合時に、決まっ
た立ち位置、つまり、指導者が立つ位置を固定しておくと、わ
かりやすさと安心感を与えるので、よいでしょう。指導者の声
が発せられた際に、「先生はこの方向にいるだろう」という子

どもたちの予測がしやすくなることで、子どもたちの集散が早くなって効率の良い時間がつくりやすくなります。

（4）　準備運動

　準備運動のことを、英語で「warming up」と言います。つまり、全身を動かして、体温を上げることです。そうすると、筋肉の血液循環を良くし、エネルギー供給をスムーズにしていきます。運動効率を良くするからだの状態を作り上げることですから、けがや事故の防止にもつながるコンディションづくりになります。心臓に遠いからだの部分から動かし、しだいに全身を動かして、関節の可動域も広げていきましょう。

　対面で行う場合、動きの方向において、左右、前後など、常に反対を意識して指導することが大切です。また、時計まわりに走ったら、次には半時計まわりに走る等、反対の方向への動きを取り入れることは、バランスの良い発達を促すことに繋がり、指導内容のふくらみや広がりにも有効に働きます。

（5）　グループ分け

　雪あそびやスキーに出かけるときのグループ分けは、日常行っているグループ分けを基本にしておくのが良いでしょう。緊急時に、新しいメンバーでは、子どもは急な対応や、そこにいる子、いない子の判断や見極めはできません。さらに、指導側も、必ず、子どもをみる人と、連絡に回る人の、1グループに最低2人の指導者の確保が求められます。

2. 展開場面の留意事項

（1）　用具・器具の使い方

　用具・器具は、保健衛生上、きれいに、かつ、衛生的に長く保持できるように、丁寧に扱うとともに、安全保持上、正しく使いましょう。マットを引きずっての準備や片づけはしないように気をつけましょう。障がい児に対して、マットを使用する場合は、事前の消毒や清掃の必要な時が多々ありますので、気をつけてください。また、マットを足で動かすこともしないように気をつけて下さい。

（2）　恐がる子に対する配慮

　恐がる子どもに対しては、無理にさせるようなことは避け、また、できないことでも、がんばって取り組んでいるときは、座るだけでも、見るだけでも、できた場合には、その努力に対する励ましの言葉をしっかりかけてあげましょう。

（3）　運動量

　寒いときは、からだが温まるように、動きの多いものにしましょう。指導者の話が長い場合、子どものからだは冷えて、かじかんで、技術すら練習できない状態になります。

　また、課題が難しかったり、通路が狭かったり、選択するコースがなかったり、割り当てられた人の人数が多すぎたり、

用具が少なかったりすると、待ち時間が長くなり、運動量が激減します。限られた時間の中で、待ち時間を少なくし、効率的に動けるように配慮して、運動量を確保する工夫が必要です。

（4）補　助

　子どもがわからないところは、具体的に子どものからだを動かしたり、触ったりして教えると、動きが理解しやすいでしょう。また、補助してくれたり、助けてくれたりする大人のからだの大きさや力強さを、子どもに感じさせることも大切です。子どもは、大人の力の強さや頼もしさを実感し、いっそう安心して、信頼して関わってきます。でも、力の加減もしてくださいね。主の指導者がいる場合の補助は、あくまでも、子どもたちが、主の指導者に注目できるように、また、主の指導者の指導の邪魔にならない立ち位置や補助のタイミングに気をつけてください。道具の出し入れの補助についても、子どもたちの正面で、子どもたちの注意を乱すような動きをしたり、音を立てたりして、指導の邪魔になる等、動きや音の面で、指導環境を乱さない配慮が必要です。もちろん、補助者同士の不必要なおしゃべりも禁止です。

（5）技術習得

　低年齢の子どもほど、言葉で説明をするより、示範して見せることが一番わかりやすいです。指導者が子どもに動きを見せるときには、わかりやすく、大きく、元気に表現することが

大切です。そうすると、子どもの方に、してみようという気持ちがわいてくるはずです。しかし、子どもは、大人の悪い癖も真似ます。見本に示す動きは、しっかりした正しい動きが良いでしょう。とくに、伸ばすところはしっかり伸ばし、曲げるところは十分に曲げることが大切です。

　動きは、簡単で、しかも、しっかりからだを動かせるものが良いですが、時々、からだを上下させたり、まわしたりして、方向も変えてみましょう。

　やる気と自信が必要ですから、大げさに誉めてあげましょう。しかし、ただ誉めるのではなく、何が良くて、何がタメなのかをしっかり説明をすることが大切です。幼児期の後半くらいになると、自分たちで行動できるようになるので、見守ることが必要になってきます。任せることで、責任感も身についてきますので、良いヒントを与えることが求められます。

（6）　集中力の持続

　幼児が集中できる時間は、長くありません。1回の指導では、30分から長くても60分くらいを目安とすることが多いですが、子どもの年齢や天候、季節の影響も受けます。

　また、1種目の活動は、10分〜15分くらいの目安で考えていきましょう。長続きは無理なので、短時間で内容を切りかえながら進めていくことが求められます。

　課題は、単純なものから複雑なものへ、少しずつ難易度を増すように配慮してもらいたいですが、時に、課題を難しくし

て、適度な緊張感をもたせることは、動きに対して集中させたり、新鮮さをもたせたりする点で重要です。

　子どもたちを指導者に引きつけ、集中した時間にしていくためには、声の大きさが重要になります。大きな声で引きつけるだけではなく、あえて声を小さくして、「何を言ったのかな？」と、子どもたちに興味をわかせ、集中させる方法もあります。

（7）　楽しい雰囲気づくり

　笑顔で活動して楽しい雰囲気を作り、子どもたちに「楽しさ」や「明るさ」を感じさせることが、大きなポイントです。また、指導者もいっしょになって、心から楽しんで活動することと、活動のおもしろさや楽しさを共感することが大切です。

　指導者自身が楽しそうで明るい表情で向き合うと、子どもたちの表情も明るくなっていきます。子どもたちに緊張感を感じてもらうために、指導者が表情を変化させていくようなテクニックも必要となります。ただし、子どもたちに恐怖心をもたせてしまうような表情は、つくらないように心がけましょう。

（8）　満足感

　やさしいものから難しいものへと、段階的指導をします。幼少児には、スモールステップで進めると、「わかった」「できた」という思いがもてるようになり、満足感に繋がります。また、子どもたちをあまり待たせない工夫が必要です。子どもの

並ばせ方、用具の位置などの工夫によって、心理的に待たせないようにしましょう。

　用具を使って、子どもたちがどのように遊んでいるのかを観察したり、既成概念にとらわれたりせず、あらゆる角度から、柔軟な発想をもつことが、子どもたちに満足感をもたせる上で必要です。

（9）やる気の奮起

　子どもの工夫した動きや体力づくりにつながるような良い動きを見つけた場合には、その動きをしっかり誉めて、子どもに教育的な優越感を与えましょう。

　一生懸命しようとしている子どもに、しっかりと対応することが大切です。上手にできている場合やがんばっている場合、工夫している場合は、しっかり誉めていきます。そうすると、子どもたちはやる気をもったり、誉められたことで自信につながったりします。

　グルーグでのあそびは、1グループの人数をあまり多くしないようにします。年齢によって、お勧めのグループの人数は異なりますが、4歳以上になったら、協力することやチームの和を意識させるために3～4人のグループ、ルールや規制を理解させるときは10人くらいまでのグループが良いでしょう。

(10) 主体性や自発性、創造性の育成

　どうしたら、上手にできるかというアドバイスを与えることも重要ですが、時間を与え、子どもたち自身に解決策を考えさせることも大切です。

　要は、答えを早く教えすぎないように気をつけることが必要です。主体的な子どもに育ってもらうために、すべての答えを与え過ぎず、ちょっと考えて自ら答えを見つけられるような関わりをしてもらいたいものです。大人の思う通りにならないことを叱りすぎず、逆に褒めて、そして、認めていくような関わりが、子どもたちの主体性を育みます。

　また、身近にある道具や廃材を利用しても、楽しい運動やあそびに役立つことを、子どもたちに知らせることも大切です。指導者自身が、日頃から、身近にあるものを用いて、どのような手づくりの用具や遊具が創作できるかを考案する努力が必要です。

(11) 危険に対する対応

　用具や器具の安全な使用方法とともに、どれくらいの使用方法があるかを、日頃から知っておきましょう。用具や器具は、どんな形状や重量なのか、それらについての知識を習得しておくことが、安全な運動の展開には必須です。例えば、マットの耳を下にして、子どもたちが手足を引っかけないように、マットを敷いてください。危険な悪いことをした子を注意する時は、そうしたことがなぜいけないのか、どうしていけないの

かを、ストレートに伝えることが大切です。また、幼児期は、頭が大きく、重心が高い位置にあることを理解しておく必要があります。したがって、頭が大きく、転倒しやすいからだの特徴を念頭においた指導の実践が求められます。

（12）　競　争

　競争的な運動では、他人との比較ばかり行うのではなく、自己の記録に挑戦させること、例えば、前回より、今回は回数を多く跳ぶ、速く走る、または、遠くへ跳ぶ等、子どもの内発的動機づけを高めていくことを大切にしたいものです。

　リレー形式の運動あそびは、勝敗にこだわり、一見、盛り上がります。しかし、負けた場合は、原因を追求して個人攻撃になることは避けねばなりません。リレー形式の運動あそびをさせる場合は、人数や男女の割合を同等にする等の配慮が必要です。

3.　整　理　場　面

（1）　整理運動

　主の活動で、動いて使った筋肉の緊張をほぐして、呼吸を整え、心身をリラックスさせていきます。疲労の蓄積を軽減させ、次の活動に円滑に進めるようにします。とくに、からだの面では、緊張した筋肉から、動きを円滑に行う筋肉の柔らかさを復活させたり、いろいろな方向に曲げたり、伸ばしたりする

からだのやわらかさを、あわせて確保しておきましょう。「疲れたからしない」ということなく、整理運動までしっかりできる子は、いろいろな方向からの動きを作り出せる、柔らかくバネのある身体能力を高めていけます。習慣化させましょう。

（2）　後片づけ

　いろいろな用具や遊具を使用した後は、子どもたち自身で片づけを行う習慣をつけたいものです。子どもにとって、操作が難しい重量のある物や危険性を伴うもの、倉庫や器具庫に収納が難しい物などについては、指導者が片づけるべきですが、ボールやコーン、マット、タイヤ等、子どもたちが安全に運べるものについては、指導者の監督のもと、子どもたちが協力し合って、いっしょに運ぶことは可能でしょう。

　また、指導のテクニックの一つとして、ゲーム感覚で、片づけを最後に行う方法もあります。

（3）　活動のまとめ

　指導者が計画したねらいを、わかりやすい言葉で、子どもたちとやり取りをして、反省・評価をしてあげましょう。頑張ったこと、工夫したこと、よく動けたことを認めてほめ、逆に、うまくいかなかったこと等も聞いてあげ、改善方法のヒントを投げかけて、次回の活動へとつないで終えましょう。

（4）運動後の安全、保健衛生

　運動中に、転んだ子どもやひざをすりむいた子ども等を覚えておいて、終了後に、再度、ケガの程度や状態を確認し、手当てや要観察などの、状態に応じた処置や対応をしていきましょう。また、手洗いやうがい、汗拭きを指示し、習慣づけましょう。暑いときには、汗をしっかり拭きとってから着替えることも覚えさせましょう。

4. 子どもたちが外で安全に遊ぶための工夫

　子どもたちが戸外で安全に遊べるための工夫を、5つにわけて、まとめてみます。

（1）保護者の配慮としては、①子どもたちのあそび場を見守る、②防犯と被害対策の教育をする、③子どもの居場所を把握しておく、④日頃から近所づきあいをする、⑤休日は子どもと遊ぶ、⑥子どもとの間で安全上のルールをつくる。

（2）子どもたちの心得としては、①「いってきます」「ただいま」のあいさつをする、②行き場所を伝えてから遊びに行く、③危険な場所を知っておく、④一人で遊ばない、⑤明るい場所で遊ぶ、⑥人通りの多い所で遊ぶ、⑦家族との約束事を守る。

（3）学校の配慮としては、①安全マップを作り、危険か所を子どもに教える、②校庭を開放する、③校庭の遊具を充

実させる、④地域や保護者と情報を交換する、⑤仲間を思いやれる子を育てるために、道徳教育を充実させる、⑥幼児と児童、生徒が関わり、互いを知る機会を作る。

（4）地域の方々の配慮としては、①買い物や散歩時に、子どものあそび場に目を向ける、②110番の家を把握し、その存在を広める、③子どもたちとのあそびのイベントを企画し交流する。困ったときに手をさしのべられる関係づくりをしておく。

（5）行政の配慮としては、①子どもが遊べる公園は、交番や消防署など安全管理者の勤務地や大人の目が届く場所の近くに設置する、②注意を呼びかけるポスターを作る、③非常ベルや防犯カメラを公園や遊園地などの子どものあそび場の一角に設置し、安全を見守り、緊急保護をしやすくする、④不審者の育たない国をつくる。教育に力を入れる。

　保護者と子どもとの間で、外で遊ぶときのルールを決め、子どもたちが被害にあわないように予防策を話し合うことや、地域の人々との交流と見守りにより、子どもたちに安全な遊び場を提供していくことで、子どもたちが元気に外で遊ぶことができるでしょう。

第 5 章

健全な成長のための外あそび推進

　本来の子どもたちの元気なあそびは、太陽光線を受けながら、外で泥んこになってするものですが、室内での活動が多いと、子どもたちは、ますます外に出なくなります。自然物との接触も、本当に少なくなってきていますし、しかも、そういう外あそびを好まなくなっている子どもたちも目立ってきました。

　今日、都市化が進むにつれ、子どもたちの活動できる空間が縮小されるとともに、からだ全体を十分に動かす機会が非常に少なくなってきました。咄嗟に手をつくという防御動作がなかなかとれず、顔面に直接ケガをする子どもたちが増えてきました。日頃、十分に運動している子どもたちであれば、うまく手をついて、ケガをしないように転ぶことができます。ところが、運動不足で反射神経が鈍っていると、手のつき方も不自然になり、まるで発作でも起きたかのようにバターッと倒れ、骨を折りかねません。また、ボールがゆっくり飛んできても、手

でよけたり、からだごと逃げたりできないので、ボールが顔に
まともにあたってしまいます。このように、日頃、運動をして
いない子どもたちは、自分にふりかかってくる危険がわから
ず、危険を防ぐにはどうすればよいかをからだ自体が経験して
いないのです。

　子どもというものは、外あそびの実践を通してからだをつ
くり、社会性や知能を発達させていきます。からだのもつ抵抗
力が弱く、病気にかかりやすい子どもたちに対しては、健康に
ついての十分な配慮が欠かせないことは言うまでもありません
が、そうかといって、「カゼをひいては困るから外出させない」
「紫外線にあたるから、外で遊ばせない」というように、まわ
りが大事を取り過ぎて、子どもたちを外あそびや運動から遠ざ
けてしまうと、結果的に子どもたちを運動不足にし、健康上、
マイナスを来たしてしまいます。

　この時期に、外あそびを敬遠すれば、全身の筋肉や骨の発
達も遅れ、平衡感覚も育成されにくくなります。とくに、背筋
力の低下や視力の低下が目立つ現代では、運動経験の有無が子
どもたちの健康に大きな影響を与えることになります。それに
もかかわらず、現実は、ますますからだを動かさない方向に進
んでいるといえます。

　外あそびを通して得た感動体験は、子どもの内面の成長に
つながり、自ら考え、自ら学ぶ自立的な子どもを育んでいきま
す。便利な現代生活の中で、育ちの旺盛な幼児・児童期に、外
でからだを使う機会がなくなると、子どもたちは十分な発達を

遂げることができません。今こそ、みんなが協力し合って、このネガティブな状況を変えることが必要です。

　まず、国の指導者層を含め、すべての大人たちが、子どもの外あそびを大切にしようとする共通認識をもつことが重要です。外あそび体験からの感動や安らぎを得た経験をもつ子どもたちこそ、自身の成長だけでなく、日本のすばらしさや大切さを感じる大人になっていくことができるのです。

　子どもは、国の宝であり、未来です。今こそ、このタイミングを逃さず、外あそび推進のために動くときであり、外あそびの重要性や意義・役割、効果について、基本的な考え方を、みんなで共有していきたいと思います。

1. 外あそびの時間やあそび場の確保が難しくなっている背景

（1）夜型社会、新型コロナ感染症の流行からの影響

　今日の日本は、社会生活が夜型化、働く母親が増加、保護者の勤務時間が延長されることも一因となり、子どもたちの生活リズムにくるいが生じ、戸外での運動時間が激減してしまいました。

　そして、2020年からの新型コロナウイルス（Covid-19）の感染拡大に伴う休園や外出自粛などにより、子どもたちの外あそびはさらに激減し、体力低下や肥満増加、視力低下の問題だけでなく、心の健康問題も顕在化してきました。つまり、三密

を避けるために、家で過ごす時間がさらに増えた結果、この3年間で、子どもたちの運動量が著しく少なくなっており、外あそびの減少や体力の低下が、これまで以上に懸念されます。

　中でも、就寝時刻が遅く、生活リズムの乱れた子どもは、エネルギーが発散できず、私たちは、ストレスのたまった子どもたちに対して、その変化した生活環境を十分に考慮した上での外あそびの導入や対応が求められています。

（2）　都市化と外あそび環境の整備不良からのサンマ（三間：空間・仲間・時間）の欠如からの影響

　私の子ども時代は、放課後は自由に遊べる、とても楽しい時間でした。しかし、今の子どもたちを見ていると、都市化や外あそび環境の整備不良によって、安全なあそび場という空間はないし、友だちという仲間も集わないし、みんなそれぞれが習い事をはじめとする個別の活動で遊ぶため、あそびの時間もないし、結局、家でテレビや動画を見て過ごしたり、ゲームをしたりして過ごすようになってきました。

　高学年になってからは、放課後の居場所として、塾をはじめとする習い事に通う子どもたちが多くなり、子どもの顔に笑顔が少ないのが心配です。授業が終わってから暗くなるまで、少なくとも、毎日、数時間ある「放課後」の時間ですが、日本では、今、自宅で、ひとりで過ごす子どもがたくさんいるわけです。放課後を自宅で過ごす子どもは、幼児期から激増しています。昭和30・40年代は、夕方の日没の時間まで、子どもた

ちが近くの公園や路地、広場で遊びまわっている光景が当たり前でしたが、現在では、幼稚園幼児の平均外あそび時間は、20分程度、小学校低学年では30分程度、高学年でも40分程度に減少してしまいました。このように、今日の子どもの放課後には、子どもが楽しく遊ぶために必要な時間、空間、仲間が不足したり、喪失したりしています。

　また、ボールが家に飛んでくる、花壇に入ってボールを取りに来る、騒いでうるさい等という、地域住民の方からの苦情の懸念から、公園や広場でにぎやかに遊ぶことや、ボールあそびをすること等、様々な年代の子どもたちが気軽に集い、助け合ったり、教え合ったりしてはしゃぐことも難しくなっている現状です。

2. 外あそびが、なぜ重要か

（1）　運動量の面からみて

　まず、子どもたちの生活の中で、運動量が激減してきていることがとても気になります。例えば、保育園の5歳児ですが、1985（昭和60）〜1987（昭和62）年は午前9時から午後4時までの間に、だいたい1万2,000歩ぐらいは動いていましたが、1991（平成3）〜1993（平成5）年になると、7,000〜8,000歩に減ってきました。そして、1998（平成10）年以降になると、5,000歩台に突入し、今日では、昭和時代の半分ほどの運動量に激減しています。それに、登降園も車の利用が多く

なってきましたので、子どもの生活全体の歩数が減ってきて、体力を育むのに必要な運動量が不足しています。

　子どもたちの活動の様子をみますと、丸太渡りや平均台歩行時に足の指が浮いて自分の姿勢（バランス）を保てず、台から落ちてしまう子どもが観察されました。生活の中でしっかり歩いていれば、考えられないことです。走っても、手が振れず、膝をしっかり上げることができないので、つま先を地面にこすって足を引っかけて転んでしまうのです。日頃から、外あそびよりも、テレビ・ビデオ利用が多くなってくると、活動場所の奥行きや人との距離感を認知する力も未熟となり、空間認知能力が育っていきません。だから、前や斜め方向から来る人とぶつかる事故が多くなるのです。

（2）　健全育成の面からみて

　子どもが健全に育っていくためには、「時間」「空間」「仲間」という、3つの「間」が必要不可欠です。そして、太陽のもとで、日中にからだを動かすことは、体力向上だけではなく、脳の発達や自律神経機能の強化、近視の発症予防と進行抑制、情緒の安定、創造性・自主性の向上などにつながっていきます。戸外に出て、しっかり遊んで、ぐっすり眠るという、あたりまえの健康的な生活が必要ですが、現代はこの「三間（サンマ）」が喪失し、どうかすると「間抜け現象（前橋　明、2003）」に陥っています。運動して、エネルギーを発散し、情緒の解放を図ることの重要性を見逃してはならないのです。とくに幼少児

期には、2時間程度の午後の外あそびが非常に大切になります。

　この「間抜け現象」が進行する中で、気になることは、子どもたちの大脳（前頭葉）の働きが弱くなっているということです。鬼ごっこで、友だちから追いかけられて必死で逃げたり、木からすべり落ちそうになって一生懸命に対応策を試みることによって、子どもたちの交感神経は高まっていきますが、現在ではそのような、安全なあそびの中での架空の緊急事態がなかったり、予防的に危険そうなあそびは制止され過ぎて、発育発達上、大切な大脳の興奮と抑制体験が、子ども時代にしっかりもてなくなっているのです。

（3）　体力づくりの面から

　子どもたちにとっての外あそびは、単に体力をつくるだけではありません。人間として生きていく能力や、人間らしい生き方の基盤をつくっていきます。しかし、基礎体力がないと、根気や集中力を養うことができません。少々の壁にぶつかってもへこたれず、自分の力で乗り越えることのできるたくましい人間に成長させるためには、戸外で大勢の友だちといっしょに、伸び伸びと運動をさせると同時に喜怒哀楽の感情を豊かに育むことが大切です。活発な動きを伴う運動あそびや運動を長時間行う幼児は、自然に持久力育成の訓練をし、その中で呼吸循環機能を改善し、高めています。さらに、力いっぱい動きまわる子どもは、筋力を強くし、走力もすぐれてきます。また、

からだを自分の思うように動かす調整力を養い、総合的に調和
のとれた体力も身につけていきます。

（4）脳・神経系の発達の面から

　外あそびを通して、友だち（人）とのかかわりの中で、成功
と失敗をくり返し、その体験が大脳の中でフィードバックされ
ていくと、大脳の活動水準がより高まって、おもいやりの心や
将来展望のもてる人間らしさが育っていきます。また、ワクワ
クして熱中するあそびの中で、子どもたちはエネルギーをしっ
かり発散させて、情緒も安定し、さらに時間の流れや空間の認
知能力をも発達させていきますが、あそびの時間や空間、仲間
という３つの「間」が保障されないと、小学校の高学年になっ
ても、興奮と抑制のコントロールのできない幼稚型のままの状
態でいることになります。つまり、大人に向かう時期になって
も、押さえがきかなく、計画性のない突発的な幼稚型の行動を
とってしまうのです。子どもたちと相撲や取っ組み合いのあそ
びをしてみますと、目を輝かせて何度も何度も向かってきま
す。そうやって遊び込んだときの子どもは、興奮と抑制をうま
い具合に体験して、大脳（前頭葉）を育てているのです。今の
子どもは、そういう脳やからだに良い外あそびへのきっかけが
もてていないのでしょう。

　生活の中で、育ちの旺盛な幼少年期に、外でからだを使う
機会がなくなると、子どもたちは発達しないうちに衰えていき
ます。便利で快適な現代生活が、発育期の子どもたちの発達を

奪っていきますので、今こそ、みんなが協力し合って、子ども
の心とからだのおかしさに歯止めをかけなければなりません。
そのためには、まず、子どもの外あそびを大切にしようとする
共通認識をもつことが重要です。

　「戸外での安全なあそびの中で、必死に動こうとする架空の
緊急事態が、子どもたちの交感神経を高め、大脳の働きを良く
すること」「あそびの中では、成功体験だけでなく、失敗体験
も、前頭葉の発達には重要であること」「子どもたちには、日
中にワクワクする集団あそびを奨励し、1日1回は、汗をかく
くらいのダイナミックな外あそびが必要なこと」を忘れないで
ください。

（5）　生活リズムづくりの面から

　幼児の生活要因相互の関連性を、生活リズムの視点から分
析してみました。すると、「外あそび時間が短かったり、テレ
ビ視聴時間が長かったり、夕食開始時刻が遅かったりすると、
就寝時刻が遅くなる」、そして、「就寝時刻が遅くなると、起床
時刻が遅くなり、朝食開始時刻も遅れる。さらに、登園時刻も
遅くなる」という、生活リズム上の悪い連鎖が確認されまし
た。

　要は、外あそびを奨励することと、テレビやビデオの視聴
時間を短縮させること、夕食開始時刻を早めることが、今日の
幼児の就寝時刻を早め、生活リズムを整調させる突破口になる
と考えられます。とくに、日中に、子どもが主役になれる時間

帯の運動刺激は、生活リズム向上のためには不可欠であり、有効であるため、是非とも、日中に外あそびや運動時間を確保する工夫が望まれます。

　生活習慣を整えていく上でも、1日の生活の中で、一度は戸外で運動エネルギーを発散し、情緒の解放を図る機会や場を与えることの重要性を見逃してはなりません。外あそびというものは、子どもたちの体力づくりはもちろん、基礎代謝の向上や体温調節、あるいは脳・神経系の働きに重要な役割を担っています。つまり、園や学校、地域において、時がたつのを忘れて、外あそびに熱中できる環境を保障していくことで、子どもたちは安心して成長していけます。

3. 室内あそびや、スイミングやサッカー等の運動系の習い事の教室とも比較して、外あそびで得られるものは何か

　習い事のような教室では、時間帯が設けられ、時間に合わせて子どもたちが活動しなければなりません。また、教室では、技術面の向上が要求されていることが多く、同年齢・同レベル集団でのかかわりが多いです。さらに、ドリル形式や訓練形式で教えられることが多く、子どもたちは大人の指示に従うことが多くなり、自分たちで工夫して試してみようということが少なくなってきます。

　一方、外あそびは、参加・解散の時間は融通性があり、集

団の構成は異年齢で構成される傾向が多いです。年上の子が下の子の面倒を見ながら、あそびに参加したり、自然をあそびに取り込むことによって、自然（物）を知ったりできます。家の手伝いやお使いの時間を考えて、仲間同士であそびの約束をとり、自分の足で歩いて友だちの家に行き、あそびに誘います。自発的に、自主的に、自分の興味や関心のあるものを見つけて、それに熱中し、時を忘れて遊び込んでいくことができます。

4.　今後に向けて

　地域のひらかれたあそび場や居場所が不足する現状が続くと、家庭の経済格差が子どもたちの体験格差につながってしまうことが懸念されます。習いごとやスポーツクラブ、週末の外出など、お金のかかる体験活動の実施率は、家庭の収入に比例していくことも明らかですので、注意が必要です。

　放課後の午後3時〜5時の間に、家庭と教室に次ぐ居場所を模索し、そこで、再度、「外あそび」を活発化させることこそが、子どもたちの孤立を解消し、健全な成長を促すための切り札になると考えます。すでに、学童保育・放課後子ども教室・子ども会など、公的事業を含む様々な放課後活動が存在していますが、これらの活動は予算不足と感じます。それは、活動の頻度や定員が少ないこと、必要とする子どもたちすべての「居場所」になりきれていないことから、いえることです。

　また、ガキ大将不在の今日は、外あそび経験が乏しい現代の子どもたちにとって、安全を見守るだけでなく、外あそびの魅力を伝え、促してあげる大人や指導者の存在も必要です。こうした人材が不足すると、せっかくの放課後活動も、室内で宿題をしたり、おとなしく過ごしたりするだけになってしまいます。

　そこで、

①学童保育・放課後子ども教室など、既存の放課後事業への、国からの配分予算を増やして、すべての子どもたちの放課後を充実させてもらいたいものです。

②障害をもつ・もたないにかかわらず、すべての子どもたちの外あそびを「促し」「応援する」場所としての街区公園の整備は必要です。外あそび推進のための人材の育成も計画していきたいものです。

③学童期のことだけでなく、その前からの、いわゆる乳幼児期からの配慮が必要ですので、例えば、既存の街区公園の整備と、低年齢児、なかでも、０・１・２歳児の安全なあそび場の確保・整備も呼びかけていきましょう。

④放課後事業は、学校施設に設置されることが望ましいですが、子どもたちの見守りやケガの責任が先生たちに課せられてしまう懸念が、自由開放や施設利用推進の大きな壁になっていると思います。そうした負担を軽減するためにも、放課後事業に特化した人材の育成と十分な確保、そういった人材の間でのあそびや外あそびに関する

知見の蓄積が必要です。そして、平日の放課後に、すべての子どもたちが、校庭や学校施設、街区公園や広場、その他のあそび場で、のびのびと遊び、楽しい時間を過ごすことができるようにしていきましょう。

　子どもたちの安心・安全な居場所を確保し、外あそびを少しでも復活させていくことが、本当に重要です。少子化が進む日本だからこそ、未来を担う一人ひとりの子どもが安全で、より健康に、そして、より幸せに、大人になっていくことができるよう、みなさんの理解と協力をお願いしたいです。

　また、今日、保育者や指導者となる若者たちにおいても、その生活自体が夜型化していることもあり、そのような状態が「あたりまえ」と感じられるようにもなってきているため、子ども時代の健康づくりや外あそびに関する理論の研讃が大いに求められると言えるでしょう。そして、外あそび実践の面においても、指導者側の問題として、指導者自身の遊び込み体験の少なさから、「あそびのレパートリーを子どもに紹介できない」「あそび方の工夫やバリエーションづくりのヒントが投げかけられない」という現状があり、保育・教育現場において、幼少年期からの健康づくりにとっての外あそびの重要性や外あそびのレパートリー、運動と栄養・休養を考慮した生活リズムとの関連性を、子どもたちに伝えていくことすらできないのではないかと懸念しています。

第 **6** 章

近年の子どもたちが抱える健康管理上の
問題と改善策

　マスメディアの中心を担うテレビやテレビゲーム、高度情報化社会といわれる現代に、急激に普及してきたインターネット、そして、最重要メディアとなった携帯電話・スマートフォン等により、現代の子どもたちの置かれている情報環境は、驚くほど高度化・複雑化してきています。そして、メディア接触が長時間化するとともに、過剰なメディア接触が子どもたちに及ぼすネガティブな影響について危惧されるようになってきました。

　メディアの普及により、生活に潤いがもたらされている反面、架空の現実を提示するテレビやテレビゲームは、子どもたちの現実感を麻痺させ、インターネットはいじめや少年犯罪の温床にもなっているという報道もよく耳にします。また、過剰なメディア接触は、体力低下やコミュニケーション能力の低下を招く等、発達の過程にある子どもたちの成長を脅かすことにもなっています。

　ここでは、子どもたちの生活実態をみつめて、子どもたち
が抱える健康管理上の問題点を抽出し、問題の改善方法にアプ
ローチしてみたいと思います。

1.　午後の時間の費やし方

　幼稚園児において、降園後のあそび場をみますと、第1位
は家の中であり、小学生においても、1年生の85%、3年生
の75%は家の中であり、ともに第一位でした。あそびの内容
は、幼児の5歳・6歳の男の子はテレビ・ビデオが、女の子で
はお絵かきが第一位でした。続いて、小学1年生になると、男
女ともテレビ・ビデオでした。3年生からは、男の子はテレビ
ゲーム、女の子はテレビ・ビデオが第一位になっていました。
　テレビ・ビデオ視聴やテレビゲームは、家の中で行うから
だを動かさない対物的な活動です。午後3～5時は、せっかく
体温が高まっているのに、身体を十分に使って遊び込んでいな
いだけでなく、対人的なかかわりからの学びの機会も逸してい
ます。つまり、小学校から帰っても、幼稚園から帰っても、個
別に活動し、人とのつながりを十分にもたないで育っていく子
どもたちが、日本では、だんだん増えてきているのです。

2.「テレビ・ビデオ・ゲーム・スマートフォン」
　　の特徴

　日ごろから、外あそびよりも、テレビ・ビデオ、スマート
フォン利用が多くなっていくと、活動場所の奥行きや人との距
離感を認知する力も未熟となり、空間認知能力が育っていきま
せん。だから、人とぶつかることが多くなるのです。ぶつかっ
て転びそうになっても、日ごろから運動不足で、あごを引け
ず、保護動作がでずに顔面から転んでしまうのです。

　子どもたちの余暇時間の費やし方をみると、TV・ビデオ、
スマートフォン、ゲーム機器を利用した静的なあそびが多く
なって、心臓や肺臓、全身が強化されずに体力低下を引き起こ
しています（静的あそび世代）。

　また、スクリーン（平面画面）や一点を凝視するため、活動
環境の奥行や位置関係、距離感を認知する力が未熟で、空間認
知能力や安全能力が思うように育っていかなくなりました（ス
クリーン世代）。一方で、「運動をさせている」と言っても、幼
いうちから一つのスポーツに特化して、多様な動きを経験させ
ていないため、基本となる4つの運動スキルがバランスよく身
についていない子どもたち（動きの偏り世代）の存在が懸念さ
れます。

　テレビやビデオ、ゲーム、携帯電話・スマートフォン等の
機器の利用に、生活の中で多くの時間を費やし、生活リズムを

乱している子どもたちが増えてきた実態より、子どもたちに対し、幼児期から、それらを有効に、かつ、健康的に利用していく仕方を指導していくとともに、家庭での利用上のルールを定める必要性を感じています。

　①テレビに子どものお守りをさせない。②なんとなく、テレビをつける生活をやめる。テレビがついていない時間、人と関わる時間を増やす。③見る番組を決めてみて、見終わったら、スイッチを切る。④食事中は、努めてテレビを消す。⑤起床時や帰宅時には、テレビがついていないようにする。とくに、朝の動画視聴コントロールが大切。⑥外のあそびに誘う。⑦暴力番組や光や音の刺激の強いものは避け、内容を選ぶ。

3. スマホ社会の中で、子どもたちをどう健康に導くか
　―「テレビ・ビデオ・ゲーム」に負けない「運動あそび」の楽しさとその感動体験を味わわせよう―

　子どもの環境が大きく変化してきたのは、テレビ・ビデオに加えて、最近では、携帯電話の普及、とりわけ、ここ10年足らずの間に登場したスマートフォンは、子どもたちの生活環境を、大きく変化させています。かつては、表情が乏しい、発語が遅れる等のサイレントベイビーの問題もあって、「テレビやビデオ（DVD）に子守をさせないようにしましょう」「見せる場合も、時間や見る番組を決めてみましょう。見終わった

ら、スイッチを切りましょう」等と保護者に伝えてきたものですが、スマホとなると、いつでもどこでも、時間も場所も選ばず、子どもも手にすることができます。

　子どもとメディア環境への対応として、社会では、テレビやビデオ、テレビゲーム等にふれない日を作ろうという「ノーテレビデー」「ノーテレビチャレンジ」のような、一定期間、すべての電子映像との接触を断ち、他の何かにチャレンジしようという「アウトメディア」等の活動を通して、子どもの過剰なメディア接触を断とうとする呼びかけもなされています。

　しかしながら、メディア利用の仕方の工夫に力を入れるだけでは、根本的な解決にはなりません。つまり、幼少年期より、テレビやビデオ、ゲーム等に負けない、人と関わる運動の楽しさを、子どもたちに味わわせていかねばなりません。ただ、形だけ多様な運動経験をもたせる指導ではダメなのです。指導の一コマの思い出が、子どもたちの心の中に残る感動体験となるように、指導上の工夫と努力を重ねる必要があります。子どもたちから、「ああ、おもしろかった。もっとしたい」「明日も、また、してほしい」と、感動した反応が戻ってくる指導を心がけたいものです。動きを通して、子どもの心を動かす指導の必要性を痛切に感じています。

　成長期には、メディアよりも、もっともっと楽しいことがある、人と関わる活動、実際の空間を使った健康・体力づくりに寄与する「からだ動かし」や「運動あそび」の良さを、子どもたちに知らせて、感動体験をもたせていくことが、これから

の私たち大人に求められる役割なのではないかでしょうか。

4．いつ、運動したらよいか

　とくに、体温の高まりがピークになる午後3時頃から、戸外で積極的にからだを動かせば、健康な生体リズムを維持できます。低年齢で、体力が弱い場合には、午前中にからだを動かすだけでも、夜早めに眠れるようになりますが、体力がついてくる4歳、5歳以降は、朝の運動だけでは足りません。体温の高まるピーク時の運動も、ぜひ大切に考えて取り入れてください。午後4時前後の放課後の時間帯は、最も動きやすい時間帯（ゴールデンタイム）なのです。

　生活が遅寝・遅起きで夜型化している子どもの体温リズムは、普通の体温リズムから数時間後ろへずれ込んでいます。朝は、本来なら眠っているときの体温で起こされて活動を開始しなければならないため、からだが目覚めず、体温は低く、動きは鈍くなっているのです。逆に、夜になっても、体温が高いため、なかなか寝つけないという悪循環になっています。このズレた体温リズムを、もとにもどす有効な方法を2つ紹介しますと、①朝、太陽の陽光を浴びることと、②日中に運動をすることです。

5.　年齢に応じた運動のポイント

　運動は、体力づくりだけでなく、基礎代謝の向上や体温調節、あるいは脳神経系の働き等、子どもたちが健康を保ち、成長していく上で、重要な役割を担っています。幼児、小学生、中学生へと進む中で、発育発達上、それぞれの年代の特徴に適した運動刺激のポイントがあるので、年代別に少し説明しておきます。

　幼児期は、脳や神経系の発育が旺盛ですから、そういうところに刺激を与えるような運動をさせてあげることが大切です。例えば、バランス感覚を養うためには平均台や丸太を渡ったり、片足立ちが効果的ですし、敏捷性をつけるには、すばやい動きで逃げたりする追いかけっこや鬼ごっこ等のあそびが効果的です。それから、巧緻性（器用さ）や空間認知能力をつけるには、ジャングルジムやトンネルを上手にくぐり抜けるあそびがよいでしょう。とにかく、子どもをしっかり持ち上げられる幼児期に、わが子と関わってしっかり親子体操をするのが一番理にかなっています。

　そして、子どもが幼児期の後半に入って体力がついてくると、朝に遊んだ分の疲れは、昼に給食を食べたらもう回復します。ですから、午後にもうひと山、あそびをグッとさせて、夜に心地よく疲れて眠れるようなからだにすることが必要です。このように、夜につなぐような運動が重要になる年代です。

　小学校の低学年になると、身のこなしが上手になってくるので、ドッジボールはとても良い運動です。運動する機会をしっかりもたせて、からだづくりや体力づくりに励んでほしい年代です。

　高学年になったら、だんだん技に磨きがかかる年代ですから、ボールをうまくコントロールして投げたり、取ったりして、ゲーム的な運動ができるようになります。

　中学生になると、内臓を含めて、からだがしっかりできてくるので、持久的な活動ができるようになります。ですから、日中、ちょっと長い時間、運動することで、より強い筋力をつけ、体力を向上させていける時期と言えます。

　それから、すべての年齢レベルで、それぞれの能力や体力に応じて、家の手伝い（荷物を持ったり、野菜を運んだり、配膳を手伝ったり）をして、生活の中でもからだを動かす内容を努めて取り入れていくとよいでしょう。お手伝いは、けっこうよい運動刺激になります。

6.　体力を向上させるために

　一日の流れの中で、親ができることは、子どもが帰ってきて、寝て、起きて家を出るまでの、早寝早起きの習慣づくりです。でも、ただ「寝なさい、寝なさい」って言っても、なかなか寝てくれません。それは、寝られるからだをつくっていないからです。夜早く寝られるからだをつくるには、日中、太陽の

出ている時間帯にしっかりからだと心を動かして心地良く疲れ
させることが必要です。

　疲れたというぐらいの運動をすると、筋肉に負荷が加わっ
て、より強い筋力が発揮できて、体力がついてきます。これを
トレーニング効果と言います。でも、軽過ぎる運動では疲れま
せん。リフレッシュになった、気分転換になったという程度で
はなく、疲労感が得られるぐらいの運動刺激によって、体力は
ついてきます。でも、その疲れは、一晩の睡眠で回復すること
が条件です。それには、睡眠明けの朝の子どもの様子を確認す
ることが大切です。

　体力をつけ、運動スキルを向上させることによって、運動
能力が高まり、スポーツをより楽しく行うことを可能にし、自
己実現の機会が増えていく（図1）。

（1）　知っておくとためになる、子どもに必要な4種類の運動

　子どもたちが必要とする運動には、4つの種類がありま
す。1つ目は、走ったり、跳んだりして移動するタイプの運動
です。2つ目は、丸太渡りや平均台渡りのようにバランスを
取る運動。3つ目は、キャッチボールのような物を操作する運
動。4つ目は、鉄棒や雲梯にぶら下がってグッと頑張るといっ
た、からだを移動せずに行う運動です。

　つまり、移動、平衡、操作、非移動の4つのタイプの運動
やあそび環境を意識した運動刺激が子どもたちのからだの成
長には必要なのです。鉄棒は得意だけど、移動するのが苦手

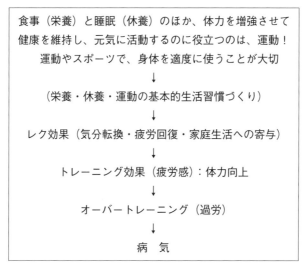

食事（栄養）と睡眠（休養）のほか、体力を増強させて
健康を維持し、元気に活動するのに役立つのは、運動！
運動やスポーツで、身体を適度に使うことが大切
↓
（栄養・休養・運動の基本的生活習慣づくり）
↓
レク効果（気分転換・疲労回復・家庭生活への寄与）
↓
トレーニング効果（疲労感）：体力向上
↓
オーバートレーニング（過労）
↓
病　気

図1　体力づくりへの道

なら、楽しいあそびの中で、「鬼ごっこやかけっこをしよう
よ」って誘えば、バランスのとれた動きのスキルを身につけ
て、運動能力もバランスよく高まっていきます。

（2）　基本運動スキル（4つの運動スキル）
　1）**移動系運動スキル**：歩く、走る、這う、跳ぶ、スキッ
　　　プする、泳ぐ等、ある場所から他の場所へ動く技術で
　　　す。
　2）**平衡系運動スキル**：バランスをとる、渡る等、姿勢の安
　　　定を保つスキルです。

3）**操作系運動スキル**：投げる、蹴る、打つ、取る等、物に
働きかけたり、操ったりする動きの技術です。

4）**非移動系運動スキル（その場での運動スキル）**：ぶら
さがったり、その場で押したり、引いたりする技術で
す。

（3）運動時に育つ能力

1）**身体認識力**：身体部分（手、足、膝、指、頭、背中な
ど）とその動き（筋肉運動的な動き）を理解・認識す
る力です。自分のからだ（部位）が、どこにあり、ど
のように動き、どのような姿勢になっているかを見極
める力です。

2）**空間認知能力**：自分のからだと自己を取り巻く空間につ
いて知り、からだと方向・位置関係（上下・左右・高
低など）を理解する能力です。

7. 夜型化した社会の中での子どもの変化

今の子どもたちは、夜型化した大人の生活に巻き込まれて
いる点が気になります。夜の街に出ると、「食べて、飲んで、
楽しんで（くつろいで）！」「キッズスペース付き個室完備」と
いう、飲み屋の看板が目につきます。楽しそうです。子どもた
ちが親に連れられて、ファミリーレストランや居酒屋、コンビ
ニ、カラオケボックス等へ、深夜に出入りしている光景もよく

見かけるようになりました。

　「大丈夫です。子どもは元気ですから」「子どもは楽しんでいますから」「夜は、父と子のふれあいの時間ですから」「まだ眠くないと、子どもが言うから」等と言って、子どもを夜ふかしさせている家庭が増えてきました。子どもの生活は、「遅寝、遅起き、ぐったり！」になっています。

　また、大人の健康づくりのために開放されている小学校や中学校の体育館へ、幼子を連れた状態で夜9時〜10時くらいまで、親たちが運動や交流を楽しむようにもなってきました。子どもの方は、お父さんやお母さんがスポーツを終えるのを待ってから、夕食をとるというケースが非常に多くなってきました。子どもたちが大人の夜型化した生活に入り込んで、不健康になっている状況や、親が子どもの健康的な生活のリズムのあり方を知らない、子どものリズムに合わせてやれないという知識のなさや意識の低さが、今、クローズアップされています。

　夜型生活の中で、子どもたちが睡眠リズムを乱していくと、食が進まなくなり、欠食や排便のなさを生じていきます。その結果、午前中の活動力が低下し、動けなくなります。そして、睡眠の乱れや欠食、運動不足になると、オートマチックにからだを守ってくれる脳や自律神経の働きがうまく機能しなくなり、自律神経によってコントロールされている体温調節がうまくできなくなっていくのです。

　結局、子どもたちの**睡眠リズム**が乱れると、**摂食のリズム**

が崩れて**朝食の欠食・排便のなさ**へとつながっていきます（図2）。その結果、朝からねむけやだるさを訴えて午前中の活動力が低下し、自律神経の働きが弱まって、**昼夜の体温リズム**が乱れてきます。そこで、体温が36度台に収まらない、いわゆる体温調節のできない「高体温」や「低体温」の子どもや、体温リズムがズレ、朝に体温が低くて動けず、夜に体温が高まって動きだすといった子どもがみられるようになってくるのです。

睡眠リズムが乱れると
↓
摂食リズムが崩れる（朝食の欠食）
↓
午前中の活動力の低下・1日の運動量の減少（運動不足・体力低下）
↓
オートマチックにからだを守る自律神経の機能低下
（昼夜の体温リズムが乱れ、自発的に自主的に行動ができなくなる）
↓
ホルモンの分泌リズムの乱れ
（朝、起床できず、日中に活動できない、夜はぐっすり眠れなくなる）
↓
体調不良・精神不安定に陥りやすくなる
↓
学力低下・体力低下・不登校・暴力行為

図2　日本の子どもたちの抱える問題発現とその流れ

8.　普段の生活で心がけること

　一日の始まりには、からだをウォーミングアップさせてから、子どもを園や学校に送り出したいものです。早寝・早起きでリズムをつくって、起床とともに体温をだんだん上げていく。朝ごはんを食べて体温を上げて、徒歩通園とか、早めに学校に行ってからだを動かして熱をつくって体温を上げる。ウォーミングアップができた状態（36.5℃）であれば、スムーズに保育活動や授業（集団あそびや勉強）に入っていけます。

　早寝、早起き、朝ごはん、そして、うんちを出してすっきりしてから送り出します。これが子どもの健康とからだづくりの上で、親御さんに心がけていただきたいポイントです。

　また、就寝時刻を早めるためには、「子どもたちの生活の中に、太陽の下での戸外運動を積極的に取り入れること」、とくに、「午後の戸外あそび時間を増やして運動量を増加させ、心地よい疲れを誘発させること」、「調理時間の短縮や買い物の効率化などを工夫し、夕食の遅れを少しでも早めること」、そして、「テレビ・ビデオ視聴時間を努めて短くして、だらだらと遅くまでテレビやビデオを見せないこと」が有効と考えます。ただし、メディアの健康的な利用方法の工夫に力を入れるだけでは、根本的な解決にはなりません。つまり、幼少年期より、「テレビやビデオ、ゲーム等のおもしろさ」に負けない「人と関わる運動あそびやスポーツの楽しさ」を、子どもたちにしっ

かり味わわせていかねばなりません。

　子どもの場合、学力や体力に関する問題解決のカギは、①毎日の食事と、②運動量、③交流体験にあると考えますので、まずは、朝食を食べさせて、人と関わる日中のあそびや運動体験をしっかりもたせたいものです。それが、子どもたちの心の中に残る感動体験となるように、指導上の工夫と努力が求められます。

　心とからだの健康のためには、小学校低学年までは午後9時までに、高学年でも午後9時半までには寝かせてあげたいものです。とにかく、就寝時刻が遅いと、いろいろな悪影響が出て、心配です。集中力のなさ、イライラ感の増大とキレやすさの誘発、深夜徘徊、生きる力の基盤である自律神経系の機能低下、意欲のなさ、生活習慣病の早期誘発などを生じます。

　したがって、子どもたちの脳や自律神経がしっかり働くようにするためには、まずは、子どもにとっての基本的な生活習慣を、大人たちが大切にしていくことが基本です。その自律神経の働きを、より高めていくためには、次の3点が大切です。

　①子どもたちを、室内から戸外に出して、いろいろな環境温度に対する適応力や対応力をつけさせること。

　②安全なあそび場で、必死に動いたり、対応したりする「人と関わる運動あそび」をしっかり経験させること。つまり、安全ながらも架空の緊急事態の中で、必死感のある

運動の経験をさせること。具体的な運動例をあげるなら
ば、鬼ごっこや転がしドッジボール等の楽しく必死に行
う集団あそびが有効でしょう。

③運動（筋肉活動）を通して、血液循環が良くなって産熱を
したり（体温を上げる）、汗をかいて放熱したり（体温を
下げる）して、体温調節機能を活性化させる刺激が有効
です。これが、自律神経のはたらきを良くし、体力を自
然と高めていくことにつながっていきます。

では、日中に運動をしなかったら、体力や生活リズムはど
うなるのでしょう。生活は、一日のサイクルでつながっていま
すので、生活習慣（生活時間）の一つが悪くなると、他の生活
時間もどんどん崩れていきます。逆に、生活習慣（時間）の一
つが改善できると、しだいにほかのことも良くなっていきま
す。

つまり、日中、太陽の出ている時間帯に、しっかりからだ
を動かして遊んだり、運動をしたりすると、お腹がすき、夕飯
が早くほしいし、心地よく疲れて早めの就寝へと向かいます。
早く寝ると、翌朝、早く起きることが可能となり、続いて、朝
食の開始や登園時刻も早くなります。朝ごはんをしっかり食べ
る時間があるため、エネルギーも得て、さらに体温を高めた
ウォーミングアップした状態で、日中の活動や運動が開始でき
るようになり、体力も自然と高まる良い循環となります。

生活を整え、体力を高めようと思うと、朝の光刺激と、何
よりも日中の運動あそびでの切り込みは有効です。あきらめな

いで、問題改善の目標を一つに絞り、一つずつ改善に向けて取り組んでいきましょう。必ず良くなっていきます。「一点突破、全面改善」を合言葉に、がんばっていきましょう。

第 7 章
体　　　力

　体力とは何かについては、多くの考え方があり、様々な定義がなされていますが、ここでは、体力とは、人間が存在し、活動していくために必要な身体的能力であると考えてみましょう。つまり、英語の physical fitness ということばに相当します。このような意味での体力は、大きく 2 つの側面にわけられます。一つは、健康をおびやかす外界の刺激に打ち勝って健康を維持していくための能力で、病気に対する抵抗力、暑さや寒さに対する適応力、病原菌に対する免疫などがその内容であり、防衛体力と呼ばれます。もう一つは、作業やスポーツ等の運動をするときに必要とされる能力で、積極的に身体を働かせる能力であり、行動体力と呼ばれます。

　つまり、体力とは、種々のストレスに対する抵抗力としての防衛体力と、積極的に活動するための行動体力を総合した能力であるといえます。行動体力は、体格や体型などの身体の形態と機能に二分されますが、以下にその機能面について簡単に

説明してみます。

1. 行動を起こす力

（1）筋力（strength）

　筋が収縮することによって生じる力のことをいいます。つまり、筋が最大努力によって、どれくらい大きな力を発揮し得るかということで、kg であらわします。

（2）瞬発力（power）

　パワーということばで用いられ、瞬間的に大きな力を出して運動を起こす能力をいいます。

2. 持続する力

　持久力（endurance）といい、用いられる筋群に負荷のかかった状態で、いかに長時間作業を続けることができるかという筋持久力（muscular endurance）と、全身的な運動を長時間継続して行う呼吸・循環機能の持久力（cardiovascular ／ respiratory endurance）に、大きくわけられます。

3.　正確に行う力（調整力）

　いろいろ異なった動きを総合して目的とする動きを、正確
に、かつ円滑に、効率よく遂行する能力のことで、協応性と
も、しばしば呼ばれることがあります。また、平衡性や敏捷
性、巧緻性などの体力要素と相関性が高いといわれています。

（1）　協応性（coordination）
　身体の2つ以上の部位の運動を、1つのまとまった運動に
融合したり、身体の内・外からの刺激に対応して運動したりす
る能力を指し、複雑な運動を学習する場合に重要な役割を果た
します。

（2）　平衡性（balance）
　バランスという言葉で用いられ、身体の姿勢を保つ能力を
いいます。歩いたり、跳んだり、渡ったりする運動の中で、姿
勢の安定性を意味する動的平衡性と、静止した状態での安定性
を意味する静的平衡性とにされます。区別さらに、物体の平衡
を維持する能力、例えば、手の平の上に棒を立てて、そのバラ
ンスを保つ平衡性もあります。

（3）　敏捷性（agility）

　身体をすばやく動かして、方向を転換したり、刺激に対して反応したりする能力を言います。

（4）　巧緻性（skillfulness）

　身体を目的に合わせて正確に、すばやく、なめらかに動かす能力であり、いわゆる器用さ、巧みさのことを言います。

4. 円滑に行う力

（1）　柔軟性（flexibility）

　からだの柔らかさのことで、身体をいろいろな方向に曲げたり、伸ばしたりする能力です。この能力が優れていると、運動をスムーズに大きく、美しく行うことができます。

（2）　リズム（rhythm）

　音、拍子、動き、または、無理のない美しい連続的運動を含む調子のことで、運動の協応や効率に関係します。

（3）　スピード（speed）

　物体の進行する速さを言います。

第 8 章
発達と運動、親子ふれあい体操のススメ

　親子ふれあい体操は、いいことがいっぱいあります。道具が必要なく、からだだけを使って運動ができ、親子の体力づくりに役立ちます。子どもが親を独り占めにできる、心の居場所づくりにも寄与します。ふれあうことで、親と子のコミュニケーションづくりに役立ち、言葉の発達を促し、社会性づくりにも寄与していきます。お金をかけずに、運動ができます。お互いの体重を貸し借りし合って、身体認識力を高め、空間認知能力を育て、ひいては、安全能力を向上させることができます。動き方を工夫することで、知的面の発達・成長にも繋がっていきます。室内でも、十分な運動量を確保でき、あわせて運動エネルギーを発散させて、情緒の解放を図ります。

　近年、弱くなっている逆さ感覚や回転感覚、支持感覚を磨くことができます。部屋の中で行う時は、窓を開けて風通しを良くして行いましょう。体操が終わったら、手洗いやうがいをして、汗をしっかり拭くようにしましょう。

1.　4カ月〜7カ月頃の運動

　では、親子ふれあい体操を紹介していきます。4カ月〜7カ月の運動についてです。が、乳児の扱いに少し慣れてきた4カ月頃からできる体操を紹介していきます。

　生後4カ月で、赤ちゃんの脇の下を支え立たせると、喜んでピョンピョンと、脚で床を蹴るようになります。生後5カ月近くになって、赤ちゃんの両足を持って寝返りをさせようと働きかけると、上半身はどうにか自分の力で返すことができるようになります。寝返りは、この働きかけを何度か続けていくことによって、できるようになります。

　赤ちゃんが寝返りを打つことを覚えてハイハイの姿勢になると、動いている人の姿や動くおもちゃをしっかり見つめて、動きを追うようになります。また、仰向けの状態から手を引いて起こそうとすると、腕を曲げ、一生懸命に自ら起きようとします。さらに、両手を持って立たせると、しばらく脚を踏ん張って立つようにもなります。

2.　6カ月〜8カ月頃の運動

　6カ月頃には、ハイハイをし始めようとします。前へ進むより、後ずさりの方が簡単で、早くできます。前へ進む方は、床を蹴る要領の体得が、今一歩、難しいようです。前進するハ

イハイを促す働きかけとしては、赤ちゃんの前方に、赤ちゃんの興味のあるおもちゃを置いて動機づけるとよいでしょう。それも、手が届きそうなところに置くことがポイントです。赤ちゃんがおもちゃを取ろうと踏ん張った時に、赤ちゃんの両足の裏を軽く押して蹴りやすくします。つまり、赤ちゃんが踏ん張った時に力が入るように、赤ちゃんの両足の裏に手を添えて援助します。

　7カ月頃には、お母さんの支えなしで、足を投げ出して少しの間、座っていられるようになります。これを一人すわり、または、「えんこ」と言います。こうした、いろいろな経験をしていくうちに、生後8カ月頃には、ハイハイで前進できるようになってきます。このハイハイができるようになると、行動範囲が広がり、いろいろなことを行ってみたくなります。また、つかまり立ちができ、支えて歩かせることも可能になります。

3.　9カ月〜12カ月頃の運動

　9カ月〜10カ月頃には、片手を添えると、片手を持って歩かせることもできるようになります。11カ月〜12カ月では、まったく支えなしで立てるようになります。ただし、これらの運動は、生後の外的刺激と乳児自身の意欲から獲得される運動ですので、自然のまま放置していては起こらないことを頭に入れておいてください。そのためには、運動機能を発達させるた

めの練習が必要となってきます。

　ここで紹介する親子ふれあい体操が、そのために一番理にかなっている刺激であり、働きかけだと思います。

4.　1歳〜1歳3カ月頃の運動

　1歳〜1歳3カ月の運動についてです。伝い歩きが始まったら、両手を支えて前方への歩行練習をさせ、前方への足踏み運動の感覚を覚えさせることが大切です。そして、自力で少しずつ前進し始めます。

　立位での活動の始まるこの時期に、いろいろなバランスあそびに楽しく取り組んでいきましょう。これらのあそびの経験が、安全に活動できる基礎づくりになっていきます。揺れる膝の上でバランスを取ったり、リズミカルに立ったり、座ったり、歩いたりして、平衡性やリズム感を養います。親と子のコミュニケーションづくり、快の体験と情緒の解放をしっかり図ってください。

5.　1歳4カ月〜1歳7カ月頃の運動

　1歳4カ月〜1歳7カ月頃の運動です。立ち上げてもらったり、逆さにしてもらったり、回してもらったりして、見える世界が変わってきます。空間認知能力がどんどん育っていきます。とても喜びますが、親子の信頼関係と、これまでのあそび

体験が未熟だと、怖がります。子どもの成長や体調に合わせて、無理をさせないように気をつけてください。

　動きや働きかけのポイントとしては、急に子どもの手足を引っ張らないようにすること、子どもが手足に意識が向くように、声をかけてから行うことが大切です。歩行が始まって、よちよちとぎこちない歩き方をしていた子どもでも、1歳6カ月を過ぎる頃から、いろいろな環境の下で、しっかり歩けるようになっていきます。歩幅の乱れもなくなり、でこぼこ道や坂道などもゆっくりではありますが、歩けるようになり、また、障害物もまたぐことが可能になります。さらに、しゃがんだりくぐったりを喜んでするようになります。

6.　1歳8カ月〜2歳頃の運動

　1歳8カ月〜2歳の運動について、お話をします。布団の上で、じゃれつきあそびを十分に経験させておくと、この時期の運動は、とても完全に楽しく無理なく展開できます。走り出す子どもも見られるようになりますが、走り出した子どもは動き回ろうとする衝動的な気持ちが強すぎるため、走っていて急に止まったり、方向を変えたりすることは、まだまだ難しいようです。これらのことは、2歳の中頃にやっとコントロールができるようになっていきます。

　運動発達の可能月齢は個人差が大きいので、月齢にこだわらず、これらの順序を正しくおさえて発達刺激を与えていけ

ば、多少遅れていても、心配はいりません。また、反対に早ければ早いほど、良いというものではありません。つまり、適切な時期にそれぞれの運動発達が起こるよう、個々の子どもの実態に合った援助をしていきたいものです。

7. 幼児期の親子体操

　幼児期の親子体操について、幼児期における運動は、体力運動能力の基礎を養い、丈夫で健康なからだをつくります。からだを力いっぱい動かした後の爽快感、できなかったことができるようになる達成感などを感じ取ることにより、運動への意欲が育まれます。

　幼児期は、発育・発達に個人差がとても大きく現われます。注意することは、他の子と比較するのではなく、できなかったことができるようになる成長を見守っていくことが大切です。

　幼児期には、いろいろな動きを経験してもらいたいものです。ごみ捨てや買い物袋運び、雑巾しぼり、ゴミ集め、テーブル拭き、窓ふき等のお手伝いは、とてもいい運動になります。子どもの体調に合わせて、無理なく、周囲の物に気をつけて、安全に行ってください。また、就寝前の運動は、体温を上げ、逆に眠れなくなりますから、夜の運動はやめましょう。親子ふれあい体操をきっかけに、お父さんも、お母さんも、お子さんといっしょに運動する習慣を身につけてみてはいかがでしょう

か。皆さん、頑張ってみてください。

8. ふれあいの大切さを、母親の母性行動から考える

　母親の母性行動（愛）というものは、母親がわが子に母乳を与えながら世話をすることによって、自然な形で神経学的機構にもとづいて「母性の維持」がなされるのです。つまり、産後（直後）からは、子どもからの乳房への 吸 嗽刺激で母性行動が維持されるので、母と子を決して離してはならないのです。

　吸嗽刺激とは、赤ちゃんが乳房を吸うときに、母親が受ける刺激のことです。出生直後から、わが子と同室でいっしょに過ごすことができれば、授乳による吸嗽刺激を受けて母親の母性行動が維持され、そして、母子相互のかかわり合いにより、母性行動が円滑に確立されていきます。延長保育や休日保育、夜間保育などの保育サービスが全国的に増えてきましたが、母親の母性行動の発現と維持の面からみると、少しずつ母親を子どもから離しているようです。子どもと母親を離す方向に向かいすぎれば、母親の母性行動が育たない方向に向かうのです。

　大西鐘壽氏によると、生殖・妊娠を支える時期には、卵胞ホルモン（エストロゲン）、黄体ホルモン（プロゲステロン）、プロラクチン、オキシトシン等のホルモンが母性行動の発現を促進するので、妊娠期間中の母性意識は、ホルモン・内分泌系によって発現・維持されているとのことです。それが、産後、

神経系のコントロールに置き換わって母性行動となるため、産後は、子どもと離れない生活、スキンシップのもてる活動が、母子にとって大切なことになるのでしょう。

　行政や保育園は、母親を子どもからできるだけ離さない生活の方法や支援のあり方を考え、そのあり方をベースにして、お母さん方に子育ての望ましい方法や具体的な育児のあり方を指導・助言して、子育て支援をすすめていただきたいのです。やむを得ない場合には、それぞれの状況下で、母子の時間をできるだけ多く確保する支援企画が求められるわけです。ですから、親子ふれあい体操は、母子が出会ったときに、できるだけ質の良いふれあいをもたせてくれる、素晴らしい活動なのです。

　したがって、子どもから母親を離す方向にばかり向いているようではだめなのです。子どもを母親から離さないことを基盤にして、育児方法や母親の健康管理・ストレスマネージメント等について支援してくれる保育現場の先生方は、ありがたい人たちなのです。口うるさいかもしれませんが、わが子とできるだけいっしょに過ごすようアドバイスをしていただける先生に感謝です。

　そして、母親がより良い心身のコンディションを保ちつつ、子育てに臨んでもらえるよう援助してくれることこそが、「本当の子育て支援」といえるのではないでしょうか。そして、子育て支援の施策の中では、子どもの利益が最大限に尊重されますことを心より願っています。

9. 家庭でできる親子ふれあい体操の魅力

　わが国では、子どもたちの学力低下や体力低下、心の問題など、からだと心の両面における問題が顕在化しており、それらの問題の背景には、幼少児期からの生活リズムの乱れや親子のきずなの乏しさが見受けられています。こうした問題に加えて、子どもの生活の中で、エネルギーの発散や情緒の解放を図るために必要な「からだを思い切り動かして遊ぶ機会」が極端に減ってきている問題があります。それが、コロナ禍においては、ますます拍車がかかってきました。

　また、今日、便利さや時間の効率性を重視するあまり、徒歩通園よりも車通園をし、歩くという運動量の確保も難しく、親子のふれあいやコミュニケーションの機会が減り、体力低下や外界環境に対する適応力も低下している様子がみられています。加えて、テレビやビデオ、スマホの使いすぎも、対人関係能力や言葉の発達を遅らせ、コミュニケーションが難しい子どもにしてしまう危険性もあります。

　要するに、近年は、コロナ禍による外出自粛や運動規制の影響を受けての、さらなる運動不足と、テレビ・ビデオをはじめとするデジタルデバイス利用促進の影響を受けて、子どもたちの生活リズムが、ますます遅く、夜型になっていることを、懸念しています。遅寝・遅起きの子が増え、睡眠習慣が乱れると、自律神経の働きが弱まり、体温リズムがずれる状態が生

じ、ますます生活リズムの悪循環が進んでしまいます。放課後に外で遊び、ご飯を食べて、お風呂に入ってバタンキューとなる昭和時代の子どもの生活は、理にかなっていたようです。

　そこで、乳幼児期から、親子のふれあいがしっかりもて、かつ、からだを動かす実践をあえて行っていかねばならないと考えます。つまり、「親子ふれあい体操」の実践を勧めたいのです。親子でいっしょに体操をして汗をかいたり、子どもにお父さんやお母さんを独り占めにできる時間をもたせたりすることは、体力づくりだけでなく、子どもの心の居場所づくりにもつながっていきます。親も、子どもの動きを見て、わが子の成長を感じ、喜びを感じてくれることもできます。他の家族がおもしろい動きをしていたら、参考にして、知的面の発達もみられます。

　そして、子どもががんばっていることをしっかりほめて、自信をもたせるかかわりも芽生えだします。子どもにも動きを考えさせて、創造性を培う働きかけも見られます。動くことで、子どもたちはお腹がすいて食事が進み、夜には心地よい疲れを得てぐっすり眠れるようになります。このように、**親子ふれあい体操の実践は、食事や睡眠の問題改善、いわゆる生活リズムや知的な面の向上、心の問題の予防・改善にしっかりとつながっていきます。**

　ところが、保育園・こども園・幼稚園で、参観日にお父さんやお母さんが来られたとき、「子どもたちのために、いっしょに親子体操をしよう」というような取り組みがいろいろな

ところで見られるものの、多くが行事だけに終わっているのが現状です。参観日のときだけにするのでは、生活化していきません。小さい頃から、親子体操や親子のふれあいあそびの体験をしっかりもたせることで、「人とふれあうこと」がテレビやビデオより「楽しい、おもしろい」という**心の動く体験**をしっかりもたせてもらいたいのです。そうしないと、テレビやビデオの魅力に負けてしまいます。いったん人と関わる魅力を感じて感動体験をもてば、テレビやビデオを見ていても、友だちに「いっしょに外で遊ぼう」と誘われれば、人と関わるあそびのおもしろさを知っているので、すぐに出ていくものです。しかし、今は、どうしても負けています。

　そこで、私たちは、今、親子ふれあい体操の冷蔵庫作戦を全国展開で行っています。冷蔵庫作戦とは、A4判くらいの紙に親子体操のイラストを描き、ポスターを作って、それを冷蔵庫に貼るものです。冷蔵庫というのは、保護者も子どもも必ず開けます。子どもが冷蔵庫に貼ってある親子ふれあい体操のポスターを見て、「お母さん、これを、いっしょにしようよ！」という訳です。すぐにできるような親子ふれあい体操のメニューが描いてあるので、手軽に実践しやすいです。作戦をたてて、「イヤー、これはお母さんにはできないよ。あなたは大きくなって重くなったから、お父さんが帰ってきたら、してもらおうね」と言いながら、お父さんをうまく巻き込んでいく、お父さんにもしてもらうのも良いアイデアでしょう。

　もう一つは、トイレ作戦と言い、便座の前の壁に貼ってお

くものです。お父さんが便座にすわって前を見ると「おっ、こんなあそび、俺も小さいときにしてもらったなあ。でも、自分は全然してやっていないなあ」等と思いながら見てもらい、参考にしてもらいます。一つでも、子どもにしてみようかなと思ってもらえれば、しめたものです。

　冷蔵庫作戦やトイレ作戦で、若いお父さんやお母さん方に、また、あそびの伝承がなされていない方々に、そういうメッセージを投げかけていくことで、子どもが求めていることに気づいてもらい、すべき内容も簡単にわかっていただけるのではないでしょうか。

　さて、早稲田大学前橋研究室では、親子ふれあい体操の指導を定期的に全国各地で実施していくことで、各家庭において、親子ふれあい体操を生活の中で日常的に実践できるようになることを期待しています。このような活動が各地で広まり、わが国の子どもたちの体力づくり、知的面（創造性）や社会性の育成、家族のコミュニケーションづくりへとつながり、活動自体が国民的な健康運動となって広く展開されていくことを願っています。

　親とからだを動かすことの楽しさを体験した子どもは、きっと勉強にも楽しく取り組んで、さらに家族や社会の人々とのコミュニケーションがしっかりとれる若者に成長していきます。

第 **9** 章
子どもの理解と実態把握の難しさ

1. 乳児期の発育・発達と運動

　出生時の体重は約 3kg で、男の子の方がやや重い特徴があります。出生時の体重が 2.5kg 未満の乳児を低出生体重児、1kg 未満を超低出生体重児といいます。

　体重は、3 ～ 4 カ月で約 2 倍、生後 1 年で約 3 倍、3 歳で 4 倍、4 歳で 5 倍、5 歳で 6 倍と変化します。身長は、約 50cm、生後 3 カ月の伸びが最も顕著で、約 10cm 伸びます。生後 1 年間で 24 ～ 25cm、1 ～ 2 歳の間で約 10cm、その後、6 ～ 7cm ずつ伸び、4 ～ 5 歳で出生時の約 2 倍に、11 歳～ 12 歳で約 3 倍になります。

　運動の発達は、直立歩行ができるようになり、様々な形態で移動し、しだいに、腕や手が把握器官として発達します。まず、生まれてから 2 カ月ほどで、回転運動（寝返り）をし、這いずりを経験します。6 カ月頃には、一人でお座りができ、8

カ月頃には、這い這いができ、胴体は床から離れます。そして、伝い立ち、伝い歩き、直立歩行が可能となりますが、人的環境の積極的な働きかけがあってこそ、正常な発達が保障されるということを忘れてはなりません。

　その後、小学校に入学する頃には、人間が一生のうちで行う日常的な運動のほとんどを身につけています。この時期は、強い運動欲求はありますが、飽きっぽいのが特徴です。

2. 発達の順序性と幼児期の運動

　運動機能の発達は、3つの特徴があります。
①頭部から下肢の方へと、機能の発達が移っていく。
②身体の中枢部から末梢部へと運動が進む。
③大きな筋肉を使った粗大な運動しかできない時期から、次第に分化して、小さな筋肉を巧みに使える微細運動や協調運動が可能となり、意識（随意）運動ができるようになる。

　発育・発達には、ある一定の連続性があり、急速に進行する時期と緩やかな時期、また、停滞する時期があります。幼児の運動機能の向上を考える場合、第1に器用な身のこなしができることを主眼とし、はじめは、細かい運動はできず、全身運動が多く、そして、4～5歳くらいになると、手先や指先の運動が単独に行われるようになります。

　5～6歳になると、独創的発達が進み、さらに、情緒性も

発達するため、あそびから一歩進んで体育的な運動を加味することが大切になってきます。競争や遊戯などをしっかり経験させて、運動機能を発達させましょう。跳躍距離は、5歳児では両足とびで、自身の身長分跳べ、6歳児になると、3歳児の2倍近くの距離を跳べるようになります。これは、脚の筋力の発達と協応動作の発達によるものです。

　投げる運動では、大きな腕の力や手首の力があっても、手からボールを離すタイミングを誤ると、距離は伸びません。懸垂運動は、筋の持久性はもとより、運動を続けようという意志力にも影響を受けます。

　幼児期では、運動能力、とくに大脳皮質の運動領域の発達による調整力の伸びがはやく、性別を問わず、4歳頃になると急にその能力が身についてきます。これは、脳の錘体細胞が4歳頃になると、急に回路化し、それに筋肉や骨格も発達していくためでしよう。発育・発達は、それぞれの子どもによって速度が異なり、かなりの個人差のあることをよく理解しておかねばなりません。

　児童期になると、からだをコントロールする力である調整力が飛躍的に向上します。乳幼児期からの著しい神経系の発達に筋力の発達が加わり、構造が複雑な動作や運動が可能となります。スポーツ実践においても、乳幼児期に行っていたあそびから進化して、ルールが複雑なあそびや、より組織的な運動やスポーツ、教育的なプログラムを加味した体育あそびに変化していきます。

3.　言葉の意味：「どうもありがとう」について

　対人関係がなかなか成立しない、自閉傾向の子どもに対し、水を通した療育「水泳療法」を手がけていた時の話です。カズ君がビート板を持って、バタ足の練習をしていました。ヘルパーを腰につけて、からだを浮かせて、ビート板を両手で持って、「あんよ・トントン。あんよ・トントン」と、指導者が言葉をかけて、バタ足を指導していました。カズ君は、ビート板を持って、「どうもありがとう」って言うのです。ありがたいと感じてくれているんだね。「頑張ろうね！トントントントン」と、練習を続けていました。

　次に、私の所に、カズ君が来た時に、私もカズ君の足を持って、同じように「頑張ろうね！」って言うと、「どうもありがとう」って、ちょっと大きな声で、私に言うのです。このやり取りを続け、繰り返しながら、再度、私のところに戻ってきたときに、「がんばろうね。カズ君」と言って、バタ足の練習を続けていました。「どうもありがとう」っていう声が少し大きくなったので、「元気ね。だったら深い方へ行こうか！　先生もいっしょに行くからね！」と深いプールに入って、一生懸命にカズ君と関わり合いながら、応援しようと思ったのでしたが、カズ君は、ビート版をもった手を嚙むのです。そして、奇声を発してパニックを起こしたのです。

　私は、びっくりして、すぐお母さんところに、カズ君を連

れて行きました。お母さんに、「カズ君の調子は良いけれど
も、なんか調子悪いんです」と、わかったような、わからない
ことを言ってしまいました。

　お母さんが一言、「うちのカズは、何か言いませんでした
か？」と尋ねてくれました。私は、「カズ君は、どうもありが
とうって、感謝してくれているんですけど」と答えました。
「前橋先生、うちのカズが、どうもありがとうっていうのは、
余計なおせっかいをするな！　と訴えているのです」と、教え
てくれました。

　私は、カズ君が感謝してくれていると思いながら、「カズ
君、頑張ろう、頑張ろう」と、働きかけていたのでした。障害
をもった子どもの言葉のもつ意味をしっかり理解しておかない
と、子どもの希望とは逆のことを強制させた失敗でした。言葉
のもつ意味まで、わかっているようで、わかっていない自分が
いました。子ども理解は、けっこう、難しいですね。

4.　子ども理解とごっこ

　筆者は、障がい児の訓練を仕事としてしながら、「一般の子
どもたちが、例えば、3歳のレベルで、どの程度のことができ
るのか、4歳になると、どんなことができるのか」、一般の子
どもたちの発育・発達に、非常に興味をもっていました。

　そこで、週に何時間かは、一般の子どもたちのいるところ
へ行って、研修をさせていただきたいと、病院の医院長に伺い

を立てたことがありました。そうすると、医院長は、「保育園に行ってきなさい」と勧めてくださいました。「履歴書を書いて、保育園にお邪魔して研修させてもらいなさい。週に1日、行って来なさい」と、許可をいただきました。

　そして、保育園で、自由に子どもたちと遊ぶことになりました。保育園の園長先生が、私の履歴書を見て、「前橋先生は、教員免許状をもっているんですね。だったら、子どもにあそびや運動を教えてやってもらえますか？」と言われました。私もしたいですけれど、保育園の元気な子どもたちとは関わっていなかったので、難しいかなと思いながらも、「はい、わかりました」と言ったのでした。何をしようかと考えてみました。良い案が浮かばなかったので、自分が小さい頃、よく行ったあそびの中で、楽しかったあそびをしてみようと思い、鬼ごっこをしようと考えたのです。

（1）鬼ごっこ

　「園長先生、鬼ごっこを子どもたちに教えてもいいですか？」と尋ね、「いいですよ」と許可をいただき、前に出て指導することになりました。園長先生が、最初、集めてくれた子どもたちは、3歳の女の子でした。3歳の女の子14人が、私のまわりに集まってきました。私は、優しい口調で、「みんな、前橋先生といっしょに、鬼ごっこする？」って聞いたのでした。女の子は「する。する！」と言ってくれました。「やった！」と思ったんですね。そして、「先生は、鬼だぞ！」「みん

なは、子どもになって逃げるんだよ。わかった？」といろんな所に勝手に行ってもらっては困るので、足で線を描き、あそびの区域を作りました。あそび区域を示す線の中に入って、手で鬼の角を作りながら、「鬼だぞ！　追いかけるぞ！」と、鬼ごっこを始めだしました。そして、一人の女の子を捕まえたのです。

　なんと、その子が、泣き出したのです。私は、びっくりしましたね。鬼ごっこをしてる中で、転んでもないのに、泣くからびっくりしました。「ごめん、ごめん、もう鬼ごっこをやめるよ」と言いました。子どもは、恐かったのでしょう。泣きながら、「もう、鬼ごっこ、しない？」と訴えるのでした。「鬼ごっこは、もうしないからね」と言っている間に、次々と女の子が、連鎖して、みんな泣いてしまったのです。びっくりしましたね。鬼ごっこは止めて、散歩に誘いましたが、子どもたちは、「散歩に行っても、鬼は、出ない？」と尋ねるのでした。私は、非常にショックでしたね。鬼ごっこがまったくできませんでした。

　私は、ショックを受けましたが、リベンジがしたくて、園長先生に、再度、お願いをしました。「男の子に指導させてもらえませんか？　男の子と行ってみたいです」と、言ってしまったのです。そして、園長先生は、「3歳組の男の子、集まれ！」と言って、13人の男の子を集めてくださいました。女の子の時と同じように、園長先生が私を紹介してくれ、始まりました。私は、「みんなといっしょに鬼ごっこしたいんだけ

ど、みんな、する？　しようね！」と誘いました。子どもたち
は、「やろう！　やろう！　早くしよう！」と答えてくれました。
子どもたちの気持ちをつかんだと、喜んだ一瞬でした。「じゃ
あね、前橋先生は、鬼になるぞ！」「みんな逃げるんだよ。わ
かった？」と。子どもたちは、「わかった。わかった。早くや
ろう！」と盛り上がりました。

　女の子の時と同じように、「鬼だぞ！」と言いながら、男の
子たちを追いかけ始めました。そうすると、男の子は、最初逃
げていましたが、一人の男の子が戦闘ポーズをとり始めたので
す。そして、私に、「パンチ！」と言って、向かってきたので
す。叩いたり、蹴ったりし始めました。ほかの男の子は、両手
で指先を立てて、私のお尻をめがけて、「浣腸だ！」と突いて
きました。鬼ごっこから、戦闘ごっこ、そして、浣腸ごっこが
始まったのでした。最後には、全員で、プロレスごっこになっ
ていきました。結局、男の子は、正義感あふれていましたの
で、ヒーローごっこをし始めたのでした。

　私は、鬼ごっこであれば、教えられると思ったのですが、
教えられませんでした。私自身、子どもの頃、鬼ごっこをたく
さん経験したはずでしたが、幼児には、まったく通用しなかっ
た思い出となりました。25歳の私が行ったあそびは、ごっこ
（まねっこ）あそびではなくて、鬼ごっこという名前のゲーム
でした。「鬼は追いかけるもの、子は逃げるもの」という、決
まったゲーム性の強いあそびを、私は行っていたのです。しか
し、３歳の幼児は、ごっこ的世界の中にいて、ヒーローごっこ

やプロレスごっこ、浣腸ごっこを展開したのでした。

（2）ままごとごっこ

　あそびの代表的なもので、ままごとごっこというのがあり
ますが、私は、小学校の2年生まで、近所の友だちとままごと
ごっこをしていました。けんちゃんという男の子、けいこちゃ
んとせっちゃんという女の子がいました。私は、この3人と、
仲良く遊んでいました。けいこちゃんが、一番に、「けんちゃ
ん、お父ちゃんになって！」と呼びかけ、1組の家族ができま
した。せっちゃんも、私に「お父ちゃんになって！」と私を
誘ってくれて、もう1組の家族ができ、ままごとごっこをして
いました。

　私たちのままごとごっこは、帰宅のシーンから始まってい
ました。私が仕事から帰ってくると、「帰ったぞ！　めし！」っ
て言うんですね。自分の父親の真似をしていましたね。そうす
ると、せっちゃんは、「はーい！」と言って、おもちゃの包丁
で草を切ってくれて、フライパンをもって野菜炒めを作ってく
れたのでした。けんちゃんが帰ってきたら、「帰ったよ」「何か
手伝おうか」って言うんですね。けんちゃんは、とても優しい
です。おそらく、けんちゃんは、けんちゃんのお父さんを真似
していたのでしょう。十人十色のお父さんを演じることができ
る真似っこができるのが、ままごとごっこです。決まったお父
さんの形はないわけです。いろんなお父さんを演じてよいので
す。

　鬼ごっこも、いろんな鬼ごっこがあっていいのでしょう。子どもたちも、しだいにルールがわかってきて、ゲーム的な展開ができるようになってくると、ゲーム性が高いあそび、例えば、鬼は追いかけるもの、子は逃げるものという共通理解のもとで展開できる鬼ゲームができるようになっていくのです。

　私が言いたいことは、私たち大人は、ゲーム性の中で生活していますけれども、幼い子どもたちには、共通した一つのルールでもって展開するようなことは合わないようです。小さい頃は、ごっこ性の強いあそびが受け入れられ、だんだんゲーム性のあそびができるようになっていきます。ごっこの心をもたないと、幼児と遊べませんね。

　私は、ゲーム性で、幼児期の子どもたちに切り込んで失敗していたんですね。男の子に対しても、女の子に対しても、子ども理解は難しいし、わかってるようでわかってないということが思い知らされた体験でした。

5. 言葉の理解

①言葉の理解、一つを取り上げても、難しい面があります。私の思い出ですけれども、幼児さんが運動会の練習していました。行進をしていたのです。前を向いて、隊列を組んで歩いていました。もっとしっかり腕を振ってもらいたいと思ったので、子どもの方に「しっかり手を振りなさい！」と指導した時です。子どもは、私に手を

振るのでした。ちょっと、共通した理解がもてませんでした。

②ひろ君という子が、4月から幼稚園に入園していきます。そのひろ君と、入園前の3月に接した時の話です。「ひろ君、今年、幼稚園に行くんだね」と言うと、ひろ君がこういうのです。「ことし幼稚園じゃねえ、ひかり幼稚園に行くんだ！」ってって言うんですね。私は、今年から幼稚園に上がるんだねっていう意味で、「今年、幼稚園だね」「そうじゃないよ。ひかり幼稚園だよ」と。子どものことば理解は、非常に楽しいですね。言葉の理解、一つを取り上げても難しいなと思い知らされました。

③「さあ、みんなで手をつないで輪になって」と言うと、寝転んで子どもが手をつなぎ合ってワニになるんですね。ワニの真似っこするんですね。そう思ったのでしょうね。子どもが理解している言葉、非常にやり取りがおもしろいですね。

6.　心理的発達と大人の理解

　幼児期の心理的、あるいは、身体的な発達の面でも、いろいろと、私たちが戸惑うこともあります。価値観の発達をみますと、3歳の女の子のかけっこで、私たち大人は、「競争だから、速く行ってね」という思いがあります。私の友だちが親として、3歳の娘の運動会のかけっこを見学・応援していま

した。私も、ついて行きました。「頑張ってね！」「一番になって！」

　「よーい・ドン」で、走りました。ところが、娘さんは速かったのですが、ゴールの近くで、立ち止まったのです。どんどん抜かれていくのです。なんで止まるのかなと思ったら、一番最後から、仲良しのお友だちが来ていたのです。その子と手を繋いで、最後に、いっしょにゴールインしてしまったのです。親は、「なぜ、一番にならないの！」って、「止まるんじゃなくて、速く行くのよ！」って言うのですが、その３歳の子どもさんにとっての価値観は、友だちと仲良くっていうのが良かったのでしょう。

　そして、午前中に運動会が終わって、午後、その友だちの家を訪問しました。子どもたちは、泥んこあそびを、家のまわりでしていたのです。お母さんは、ドーナッツを作って、「おやつだよ！　みんな、おいで！」って呼びかけた時に、みんなすごい勢いで、我先に集まってきたのです。朝と、同じお母さんですよ。お母さんは、一言、言いました。「お菓子は逃げないんだから、なぜ、みんな仲良くできないの！　押さないの！」って言ってしまったのです。でも、午前中の運動会の時には、「人よりも速く一番になりなさい」という雰囲気で関わっていましたけれども、午後は、おやつの時は、「お友だちと仲良くしさない」と言っていました。同じお母さんが、同じ子どもに対して、そんな話をしてしまったのですね。子どもの方も戸惑いましたね。いつ一番になって、いつ仲良くしたらい

いのか、わからない。そんな状況を生み出しました。

7. からだの発育・発達理解

（1）身体各部のつり合いの変化

　からだの発達として、小さい時期は頭でっかち・胴長で、足が短くて、なかなかバランスが取りにくい状態にあります。鉄棒のバーに乗っても、おへその下あたりをバーに当ててバランスをとる大人とは違って、3歳くらいの幼児は、おへそよりも上ぐらいでバランスとっています。ですから、大人のように鉄棒のバーにおなかをつけて、「先生のように、手を伸ばして」と言うと、頭でっかち・胴長ですから、倒れてしまいます。要は、身体的な発達でも、3歳児の重心は、おへそよりも上の方に来るので、大人と同じようなバランスとり方はできにくいですね。

　また、運動会のかけっこですが、低年齢の子どもには、直線コースがいいです。フィールドを使って、よたよたしながらも、まっすぐの方向に走るというのが、動きやすいコース設定です。だんだん大きくなると、コーナーを回れるように調整力がついてきますが、低年齢の子どもがコーナーを回るのは非常に難しいです。頭でっかち・胴長ですから、運動会のかけっこでは、コーナーを回っていると、外に振られるという特徴がありますので、年齢レベルに応じたかけっこのコースの設定の仕方は、よく考えなければなりません。

　それらの根拠ですけれども、ストラッツ先生によって基本情報が報告されていますので、ご紹介します。身体各部分の均衡の変化について、Stratz 先生の研究をもとに考察してみますと、図3で示すように、子どもというものは、大人を小さくしたものではなく、年齢によって、身体各部の釣合は変化することがわかります。

　例えば、頭身を基準にすると、新生児の身長は頭身の4倍、すなわち、4頭身です。2歳で5頭身、6歳で6頭身、12歳で7頭身、成人でほぼ8頭身になります。

　つまり、幼児は、年齢が小さい程、頭部の割合が大きく、四肢が小さいのです。その重い頭が身体の最上部にあるということは、身体全体の重心の位置がそれだけ高いところにくるわけで、不安定になり、転びやすくなります。

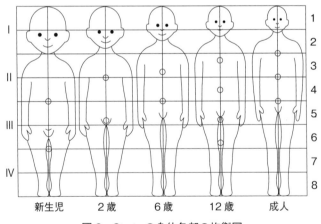

図3　Stratz の身体各部の均衡図

　しかも、幼児期は、からだの平衡機能の発達自体も十分に進んでいないため、前かがみの姿勢になったとき、層バランスがとりにくく、頭から転落し、顔面をケガする危険性が増大するわけです。

（2）臓器別発育パターン

　スキャモン先生の臓器別発育パターンの研究成果報告をご覧ください。発育・発達のプロセスにおいて、身体各部の発育も、内臓諸器官における機能の発達も、決してバランスよく同じ比率で増大したり、進行したりするものではありません。Scammon 先生は、人間が発育・発達していくプロセスで、臓器別の組織特性が存在することに注目し、筋肉・骨格系（一般型）や脳・神経系（神経型）、生殖腺系（生殖型）、リンパ腺系（リンパ型）の発育の型を図にまとめ、人間のからだのメカニズムを理解する貴重な資料を私たちに提供してくれました（図4）。

　①一般型は、筋肉や骨格、呼吸器官、循環器官など

　②神経型は、脳や神経・感覚器官など

　③生殖型は、生殖器官

　④リンパ型は、ホルモンや内分秘腺などに関する器官の発育をそれぞれ示しています。

　脳・神経系は、生後、急速に発達し、10 歳前後には、ほぼ成人の90％近くに達するのに対し、リンパ型は12 歳前後の200％近くから少しずつ減少し、20 歳近くで成人域に戻るとい

うのが、その概要です。

1）神経型と一般型

　幼児期では、神経型だけが、すでに成人の 80％近く達しているのに、一般型の発育は極めて未熟で、青年期になるまで完成を待たねばなりません。このような状態なので、幼児は運動あそびの中で調整力に関することには長足の進歩を示しますが、筋力を強くすることや持久力を伸ばすことは弱いようです。

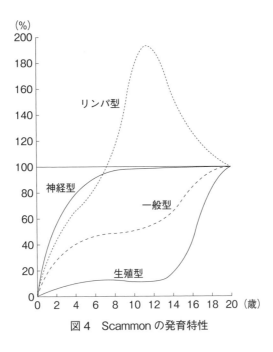

図4　Scammon の発育特性

　したがって、4歳・5歳児が「部屋の中での追いかけごっこ」や「自転車乗りの練習」をするときには、母親顔負けの進歩を示しますが、「タイヤはこび」や「マットはこび」では、まるで歯がたたないのです。

　つまり、幼児期における指導では、まず、下地のできている感覚・神経系の機能を中心とした協応性や敏捷性、平衡性、巧緻性などの調整力を育てるような運動をしっかりさせてやりたいと願います。

　ところが、ここで誤解していただいては困ることが一つあります。それは、筋肉や骨格などは、まだ成人の30%程度の発育量を示すに過ぎないからといって、筋力を用いる運動や筋力の訓練をまったくの無意味と考えてもらっては困るということです。

　幼児の日常生活に必要とされる、手や足腰の筋力を鍛えることは、幼児にとっても大切なことであることを確認していただきたいと思います。

　実際には、子どもの運動機能の向上を考える場合、第一に器用な身のこなしのできることを主眼とし、筋力や持久力は運動あそびの中で副次的に伸ばされるものというようにとらえておいて下さい。

　また、運動機能は、感覚・神経機能や筋機能、内臓機能など、諸機能の統合によって、その力が発揮されるものであることも忘れないで下さい。

２）　生殖型

　生殖腺系の発育は、幼児期や小学校低学年の児童期の段階では、成人の約 10％程度であり、男女差による影響は少ないと考えられます。

　したがって、幼少児期において、男女はいっしょに行える運動課題を与えてもよいと考え、もし差が認められる場合には、それを男女差と考えるよりは、むしろ個人差と見ていく方がよいかもしれません。ただし、スキャモン先生が示してくれた生殖腺や筋肉や骨格の発育傾向は、現代っ子の発育加速現象で、スキャモン先生が研究された頃よりは、年齢が少し早くなっていることを忘れてはなりません。

３）　リンパ型

　リンパ腺系の発育は、幼児期に急速に増大し、７歳頃には、すでに成人の水準に達しています。そして、12歳前後で、成人の２倍近くに達します。つまり、抵抗力の弱い幼児は、外界からの細菌の侵襲などに備え、からだを守るために、リンパ型の急速な発達の必要性があると考えます。さらに、成人に近づき、抵抗力が強化されると、それとともに、リンパ型は衰退していくのです。

第 10 章

運動遊具・公園遊具の安全管理

　固定遊具は、その設置に先立ち、動きの導線や遊具の配置を周到に行い、子どもたちが出合い頭にぶつかったり、運動の流れが極度につまったりしないように、空間を確保しておくことが大切です。この空間内には、遊具本体を除き、照明灯やマンホール、縁石などの施設や、石やガラス等の異物があってはなりません。次に、予測できない危険「ハザード」をなくすことが必要です。

　ハザードには、物的ハザードと人的ハザードの2種類があり、物的ハザードとは、遊具の不適切な配置や構造、不十分な維持管理による遊具の不良などに問題がある危険です。人的ハザードとは、遊具の使用の方法に問題がある危険です。

　したがって、遊具は、正しい使い方をして、仲良く遊ぶこと、遊具に不具合があるときは、専門業者による点検のほか、指導者や職員による点検を実施してもらう必要があります。早期発見・早期対応が事故防止に繋がるので、大人の協力が必要

です。子どもも、ねじが緩んでいたり、異音が生じたりするようなときは、すみやかに近くにいる大人に伝えるよう、幼少児期から指導しておくことが重要です。

　そして、日常のメンテナンスの実施や「定期点検」をすること、さらには、製品の構造的な部分や、対処の難しい箇所については、専門家に依頼して、修理や改善をしておくことが求められます。

1. 固定遊具の点検と結果の対応

　遊具の設置後に、日常点検や定期点検を行い、必要によっては、修繕が求められます。専門家（遊具点検士）による遊具のメンテナンス契約を結んでおくことも大切です。

（1）児童ための遊具は、定期的に点検し、または補修を行うことにより、遊具の安全確保を図り、事故を未然に防止し、適切に管理することが必要です。そのために、管理者は、専門家による遊具の保守点検を、少なくとも年に1回以上は実施してほしいものです。保守点検を行った遊具については、点検実施時における状況や点検結果を記録し、適正に保管することが大切です。

　　また、遊具の劣化は、設置後の経過年数や、地域の気象条件ならびに遊具の使用状況、部位、構造、管理方法および立地条件などにより、劣化の進行状況が異なることに留意しておきましょう。

（2）遊具を構成する構造部材および消耗部材は、金属類、木質類、プラスチック系、繊維などの様々な材料が用いられていることを理解し、事故に繋がりやすい危険箇所、とくに、過去の実例から危険性があると判断されるポイントについては、重点的に点検を実施することが必要です。

（3）点検の結果、遊具の撤去または補修の必要が生じた場合は、迅速な対応が求められます。

①放置しておくことで、事故につながる恐れがあると判断されるものについては、早急に使用禁止の措置を行うとともに、撤去または補修を行うこと。

②補修の困難なものについては、撤去を行うこと。

③早急に対応する必要がない場合は、点検終了後に補修を実施すること。

④事故に繋がるおそれがなく、当該点検時に補修を実施するよりも適切な時期に補修を実施する方が効果的なものについては、経過観察をすること。

2. 安全に配慮した遊具の設計と製品そのものの安全性

（1）安全に配慮した設計

　花や樹木などの環境を生かしつつ、安全エリアを確保することが基本となります。安全マットの設置や段差の注意喚起の塗り分け等、安全に配慮した設計・配置が求められます。

（2）　製品そのものの安全性

①突起の少ないボルト類：子どもたちの手やからだにふれる
　　部分には、突起の少ないボルトを使用することが望まし
　　いです。

②指爪防止チェーン：チェーンの隙間に樹脂カバーを取り付
　　けてカバーチェーンにしてもらいましょう。

③盗難防止ボルト：ときに、遊具のボルトを盗む心無い人が
　　現れることがあります。特殊工具を必要とするボルトを
　　使い、いたずらからなる事故を防ぐことも必要です。

④鋼材の品質：JIS 規格に定める鋼材を使っていることが必
　　要です。

⑤木材：耐久性、耐水性が良く、ささくれ等が起こらないよ
　　うな素材が求められます。

⑥樹脂：耐候性や衛生面に優れているもの。

⑦ネット遊具：耐候性や耐摩擦性、耐熱性、衛生面に優れた
　　もの。

⑧塗装：耐候性や耐水性、防カビ、防藻性に優れ、美観を保
　　つもの。

（3）　設計・設置上の留意点

①頭部・胴体・首・指を挟みこんでしまう隙間を除去し
　　て、事故を防止してもらいたいものです。子どもが自分
　　の体格を意識せずに通り抜けようとした場合、頭部や胴
　　体の挟み込みが発生しないように、開口部は胴体が入ら

ない構造にするか、胴体が入る場合は頭部が通り抜ける
構造にしましょう。

②指が抜けなくなる恐れのある穴は、設けないようにしま
す。

③踊り場や通路といった歩行や走行を目的とした平坦な床
面の隙間は、6mmを超えないようにしましょう。ただ
し、つり橋やネット渡り等のあそびを目的にした部分の
隙間は、頭部や胴体の挟み込みが起こらないようにして
もらいます。要は、子どもが容易に触れる部分には、突
出部や隙間を除去し、事故を防止したいものです。

④子どもが容易に触れる可能性のある部分には、着衣の一
部やカバンのひもが絡まったりしないように配慮しなけ
ればなりません。とくに、滑走系の遊具のすべり出し
部のように、落下が予想される箇所では、絡まったり、
引っかかったりする突出部や隙間がないようにしてくだ
さい。落下高さに応じて、ガードレールや落下防止柵を
設置し、不意な落下を防止します。

3. 固定遊具、近年の総合遊具や公園遊具の特徴と安全な使い方

（1）　固定遊具や総合遊具の特徴

　固定遊具は、児童の健康の増進や情操を豊かにすることを
目的として、児童に安全かつ健全なあそびを提供する屋外施設

です。標準的設備としては、ブランコや砂場、すべり台、うんてい、ジャングルジム等があります。

1）すべり台

公園や校庭、園庭に標準的に設置されるすべり台は、シンプルな機能をもっていますが、おもしろさがいっぱいです。

2）ブランコ

揺動系遊具のブランコは、時代を超えて、多くの子どもたちに親しまれてきた遊具です。楽しさばかりではなく、最近の子どもたちの弱くなっているバランス感覚を向上させたり、様々な動作の習得に有用な運動機能を高めたりします。

3）うんてい

上体の筋力だけではなく、全身の筋力を高め、リズム感や持久力も養います。子どもたちのからだに、比較的強い負荷をかける運動を生み出す遊具ですが、何より子どもたちの「挑戦する」というチャレンジ精神に働きかける遊具です。

4）モニュメント遊具・恐竜遊具

博物館でしか見ることのできなかった古代の生き物や恐竜などが、子どもたちのあそび場にやってきます。安全性とリアリティ感を経験でき、また、本物の化石にも勝る存在感を味わわせてくれます。

5）木登り遊具

ダイナミックな木登りあそびが再現できます。木登りを体感できる遊具として、木登りのおもしろさ、とくに、枝から枝へ、大型であれば、安全のために、ネットがらせん状に張りめぐらされ、迷路のような遊び空間をも創ります。もちろん、子どもたちは好奇心を膨らませて枝をよじ登り、空に向かって冒険を始めます。木登り遊具は、小さな挑戦をいくつも繰り返しながら、あそびを創造し、子どもたちの夢を育んでいきます。登る、降りる、ぶら下がる、這う等、多様な動きが経験できます。

①木登りは、育ち盛りの子どもたちが「チャレンジ精神」「運動能力」「集中力」を一度に身につけることのできる運動遊具です。枝をよじ登ったり、ぶら下がったりしながら、高い所へと登っていく楽しさや木登りのおもしろさを、安全に体感できる施設です。

②遊び疲れたときには、そのままゴロン、ネットがハンモックに早変わり、からだを優しく包みます。

③木によじ登り、頂上に辿り着けば、爽快な風を感じることができます。また、自然の木を模した展望施設として、地上とは違った風景に気づいたり、小鳥たちのさえずりも身近に聞こえる格好のバードウォッチングのポイントにもなります。

（2）　近年の公園遊具の特徴

　近年の公園遊具の特徴では、公園を健康増進の場所として、公園内に積極的に導入されている健康遊具をよく目にします。気軽に楽しみながら、からだを動かすことのできる遊具は、トレーニング器具としても利用されています。この健康遊具は、広場や公園、通り、自宅の庭など、簡単に設置できて場所をとらない遊具です。気軽に遊び感覚で使ううちに、からだをいろいろと動かして、日頃の運動不足の解消にも役立ちます。目の前にあると、つい使ってしまう気軽さと楽しさが味わえます。そして、家族みんなで楽しめて、遊びながら健康になれます。

（3）　遊具の安全な使い方

　遊具の使用についての約束は、①靴をしっかり履いて、脱げないようにする、②マフラーのように、引っかかりやすいものは取って遊ぶ、③上着の前を開けっ放しにしない、④ランドセルやカバンは置いて遊ぶ、⑤ひも付き手袋はしない、⑥上から物を投げない、⑦高い所から飛び降りない、⑧ひもを遊具に巻きつけない、⑨濡れた遊具では、遊ばない、⑩壊れた遊具では、遊ばない、等です。

（4）　固定遊具を安全に利用するための点検

1）　日常点検

　日常点検とは、遊具の変形や異常の有無を調べるために、管理者が目視診断、触手診断、聴音診断などにより、行う日常的な点検のことです。日常点検を効率的に行えるようにするには、遊具ごとに日常点検表があるとよいでしょう。

2）　定期点検

　遊具点検士にお願いをして、定期的に点検（劣化点検や規準点検）を行ってもらいます。劣化診断の例としては、遊具の設置後、長い年月が経過すると、地面に近い箇所で、目に見えない劣化が進んでいく場合があります。そのため、定期点検によって、その劣化の状態を把握していきます。規準診断の例として、遊具の安全規準は年々改定されており、以前は規準を満たしていた遊具でも、現在の規準には当てはまらない場合があります。定期点検をして、現在の規準を満たしているかを確認する必要があります。

3）　遊具点検後の修繕・撤去

　不具合のあった遊具については、使用禁止とし、補修が完了すれば、開放しますが、補修が不可能なものについては、撤去が基本です。

第 **11** 章
幼児期の健康診断評価

1.　子どもの健全育成でねらうもの

　子どもを対象に、各種のあそびや活動、指導を通して、人間形成を図ります。つまり、子どもの全面的発達（身体的・社会的・知的・精神的・情緒的発達）をめざす教育全体の中で位置づけます。

　　身体的（physical）

　　社会的（social）

　　知　的（intellectual）mental

　　精神的（spiritual）

　　情緒的（emotional）

2. 子どもの成長・発達状況の診断・評価

（1）睡眠・休養

　生活の基本となる睡眠は、睡眠時間の長さだけでなく、寝る時刻や起きる時刻も重要です。朝起きたときに、前日の疲れを残さずに、すっきり起きられているかがポイントです。

・夜9時までには、寝るようにしていますか？

・毎日、夜は10時間以上、寝ていますか？

・朝は、7時までには起きていますか？

・朝、起きたときに、太陽の光をあびていますか？

・朝、起きたときの様子は、元気ですか？

（2）栄養・食事

　食事は、健康で丈夫なからだづくりに欠かせないものであり、家族や友だちとの団らんは、心の栄養補給にもなります。毎日、おいしく食べられるように、心がけていますか？

・朝ご飯は、毎日、食べていますか？

・朝、うんちをしていますか？

・ごはんを、楽しく食べていますか？

・おやつを食べてから夕ごはんまでの間は、2時間ほど、あいていますか？

・夜食は、食べないようにしていますか？

（3）活　動

　睡眠、食事以外の生活の中での主な活動をピックアップしました。お手伝いやテレビの時間といった小さなことでも、習慣として積み重ねていくことで、その影響は無視できないものになります。

　・歩いて通園（通学）ができていますか？
　・外に出て、汗をかいて遊んでいますか？
　・からだを動かすお手伝いができていますか？
　・テレビを見たり、ゲームをしたりする時間は、合わせて
　　1時間までにしていますか？
　・夜は、お風呂に入って、ゆったりできていますか？

（4）運動の基本

　現状のお子さんの外あそびの量や、運動能力について把握できているでしょうか。わからない場合は、公園に行って、どのくらいのことができるのか、いっしょに遊んでみましょう。

　・午前中に、外あそびをしていますか？
　・15〜17時くらいの時間帯に、外でしっかり遊んでいますか？
　・走ったり、跳んだり、ボールを投げたりを、バランスよくしていますか？
　・鉄棒やうんていにぶら下がったり、台の上でバランスをとったりできますか？
　・園庭や公園の固定遊具で楽しく遊んでいますか？

（5）　発達バランス

（身体的・社会的・知的・精神的・情緒的成長）

　自分の身を守れる体力があるか、人と仲良くできるか、あそびを工夫できるか、最後までがんばる強さがあるか、がまんすることができるか等、あそびで育まれる様々な力についてチェックしましょう。

　幼児期の生活は、親の心がけや関わり次第で大きく変化します。「はい」が多いほど、親子のふれあいの時間も多いので、親子それぞれにとって心身ともに良い効果があるでしょう。

・お子さんは、転んだときに、あごを引き、手をついて、身をかばうことができますか？（身体的・安全能力）

・友だちといっしょに関わって、なかよく遊ぶことができていますか？（社会的）

・あそび方を工夫して、楽しく遊んでいますか？（知的）

・遊んだ後の片づけは、最後までできますか？（精神的）

・人とぶつかっても、情緒のコントロールができますか？（情緒的）

（6）　親からの働きかけ・応援

・親子で運動して、汗をかく機会をつくっていますか？

・外（家のまわりや公園など）で遊ぶ機会を大切にしていますか？

・車で移動するよりは、お子さんと歩いて移動することを

心がけていますか？
・音楽に合わせての踊りや体操、手あそびにつき合ってい
　ますか？
・1日に30分以上は、運動させるようにしていますか？

第 12 章
ケガの手当て・対応

　子どもは、好奇心に満ちていて、活動的です。夢中になると、危険に気づかず、大人が考えないような行動をとります。また、身長に対して頭が大きく、バランスを崩して転倒しやすいので、顔や頭のケガも多くなります。また、体温調節機能も未熟で、環境温度の影響も受けやすく、病気に対する抵抗力も弱いので、すぐに発熱します。

　幼児のケガで多いものは、すり傷や打ち身、切り傷などです。子どもは、小さな病気やケガを繰り返しながら、病気に対する免疫力を獲得し、また、ケガをしないために注意して行動することを学びます。幼児が運動中に小さなケガをしても、適切な処置を行うと同時に、子ども自身がケガを防げるようにかかわります。また、大きな事故やケガをしないような環境整備にも努め、事故が起こったときには、観察にもとづく適切な判断と処置ができるようになりましょう。

1. 安全を考慮した準備と環境設定

（1）　幼児の安全や体調の確認

　運動前には、幼児の体調を確認します。一人ひとりの機嫌や元気さ、食欲の有無を確認します。気になるときは、体温を測定します。次に、運動中に発現した異常を早期に発見することが大切です。子どもは、よほどひどくないかぎり、自分から体調の不調や疲れを訴えてくることはまれです。指導者は、常に気を配り、声かけをしながら、表情や動きの様子を観察して判断します。

（2）　熱中症対策

　幼児の平熱は、大人よりやや高く、また、単位面積あたりの汗腺の数も多いので、汗をよくかきます。そのため、肌着は、吸水性や通気性のよいものを着るように指導します。また、運動後に汗が冷えると、からだを冷やしますので、運動時にはタオルとともに肌着の着替えを持参するように指導します。

　幼児は、大人に比べて体内の水分の割合が高いので、汗をかくと、大人より脱水になりやすいという特徴をもっています。炎天下や夏の室内での運動時には、水筒を持参させ、休憩時には必ず水分を摂るよう指導します。室内で運動する場合は、風通しを良くします。温度や湿度が高い場合には、熱中症

を予防するために、大人より短い間隔で、休養や水分摂取を勧めます。幼児の年齢によって体力が異なりますので、2〜3歳児は、4〜6歳児より頻回の休養と水分摂取を促します。

2. 応急処置の基本

　運動中にケガをしたり、倒れたりした場合、医師の診療を受けるまでの間に行われる応急手当が適正であれば、生命を救うことができ、疼痛や障害の程度を軽減し、その後の回復や治癒を早めることもできます。子どもの状態の変化は早いので、急激に悪化しやすいですが、回復も早いのです。幼児のケガや急病への的確な判断による応急処置と、医療機関の受診の判断ができることは重要です。

（1）あわてずに、対処しましょう。

（2）子どもを観察し、話しかけ、触れてみて、局所だけでなく、全身状態を観察します。

（3）生命の危険な兆候をとらえます。

　　　心臓停止（脈が触れない）、呼吸停止（胸やお腹が動かない、または、口のそばに手を当てても暖かい息を感じない）、大出血、誤嚥（気管になにかを詰まらせる）のときは、危険を伴うので、救急車を呼ぶと同時に、直ちに救命処置を行います。

（4）2人以上で対処します。

　　　状態の確認や処置の判断、救急車の手配、他の子ども

への対処が必要になります。まわりにいる子どもに、他の指導者を呼んできてもらいます。

（5）子どもを安心させます。

　　　幼児は、苦痛や処置に対する恐怖心を抱き、精神状態が不安定になりやすいものです。指導者は、幼児本人にも、まわりの子どもに対しても、あわてないで、落ち着いた態度で対応し、信頼感を得るようにします。子どもの目線と同じ高さで、わかりやすい優しい言葉で、静かに話しかけ、安心させます。

　　　また、ケガをした子どものそばを離れないようにします。子どもは不安な気持ちでいっぱいです。信頼できる大人がそばにいることで、子どもの不安を最小限にします。

（6）医療機関への受診が必要な場合は、必ず保護者に連絡します。

3.　応急処置の実際

（1）　頭部打撲

　頭を打ったあとで、顔色が悪い、嘔吐がある、体動が少なく、ボーッとして名前を呼んでも反応がない、明らかな意識障害やけいれんをきたす場合は、すぐに脳神経外科を受診させます。打った直後に症状がなくても、2〜3日後に頭痛や吐き気、嘔吐、けいれん等の症状が現われる場合があるので、しばらくの間は静かに休ませます。また、保護者には、2〜3日は

注意深く観察する必要があることを説明します。

（2）　外　傷

　切り傷やすり傷の場合には、傷口を水道水でよく洗います。汚れや雑菌が傷口に残ると炎症をおこします。流水で十分洗い流した後に救急絆創膏をはり、傷口からの感染を防ぐようにします。傷が深い場合や釘やガラス等が刺さった場合は、皮膚の中に汚れやサビ、ガラス片などが残り、感染を引き起こすことがあるので、受傷した直後は血液を押し出すようにして洗い流し、清潔なガーゼを当てて止血します。外科受診をすすめます。出血している場合は、傷口を清潔なガーゼかハンカチで押さえて強く圧迫します。出血部位を、心臓より高い位置にすると、止血しやすくなります。

（3）　鼻出血

　鼻根部にあるキーゼルバッハ部位（鼻の奥にある網の目のように細い血管が集まっている部位）は、毛細血管が多いため、一度出血した部分は血管が弱くなり、再出血しやすくなります。そのため、ぶつけたときだけでなく、興奮した場合や運動したときに突然出血することがあります。座らせて少し前かがみにし、鼻にガーゼを当て、口で息をするように説明して、鼻翼部（鼻の硬い部分のすぐ下）を強く押さえます。血液が口の中に流れ込んできたら、飲み込まずに吐き出させます。血液を飲み込むと、胃にたまって吐き気を誘発するので飲み込まない

ように説明します。10分くらい押さえ続けてから、止血を確認します。止血していなかったら、再度、圧迫します。脱脂綿のタンポンを詰める場合には、あまり奥まで入れないように気をつけます。ときに、取り出せなくなることがあるので、ガーゼや鼻出血用のタンポンを使うとよいでしょう。子どもには、止血した後は、鼻を強くかまないように、また、脱脂綿を鼻の中まで入れないように説明します。

（4）　つき指と捻挫

　強い外力や急激な運動によって、組織が過伸展し、骨や関節周囲の靭帯や、筋肉や腱などが損傷を起こした状態です。つき指は、手指の腱が断裂した状態であり、足首の捻挫は、足首の骨をつないでいる靭帯の断裂です。

　受傷直後は、“RICE”にそって処置しましょう。

　R（Rest）；安静にする
　I（Ice）；氷や氷嚢（のう）で冷やす
　C（Compress）；圧迫固定する
　E（Elevate）；損傷部位を挙上する

　つき指は、引っ張ってはいけません。動かさないようにして、流水、または、氷水で冷やしたタオルを3～4分おきに絞りなおして指を冷やします。痛みがひいてきて、腫れがひどくならないようなら、指に市販の冷湿布をはり、人差し指と薬

指といっしょに包帯で巻いて固定します。その日は、指を安静に保ちます。腫れが強くなったり、強い痛みが続いたりしたときは、病院を受診します。指は軽く曲げたままで、指のカーブにそって、ガーゼやハンカチをたたんだものを当てて固定します。

　足関節の痛みの場合は、座らせて、足先を挙げ、支えて固定して受診します。損傷部への血流を減らし、氷水やアイスパックで冷やすことにより、内出血を抑え、腫脹や疼痛を軽減させることができます。損傷した部位の関節を中心に包帯を巻いて固定し、挙上して様子をみます。腫れがひどくなる場合や、痛みが強く、持続する場合には、骨折の可能性もあるので、整形外科を受診するようにすすめます。

（5）脱　臼

　関節が異常な方向へねじる強い外力を受け、骨が異常な位置に転移した状態であり、強い痛みを伴います。子どもでは、肘、手首、肩の関節で起こりやすいです。脱臼した骨を関節に戻そうとしてはいけません。関節のまわりの靭帯や血管、神経を損傷してしまうことがあります。まわりが危険でなければ、できるだけその場で、脱臼した部位を身体に固定して、動かないようにします。固定する位置は、本人が一番痛くない位置で固定します。上肢の関節（肘や肩）の痛みを訴える場合は、本人が一番痛くない角度で、腕を身体の前にもってきます。腕と胸の間に三角巾をおき、腕と胸の間にタオル等のやわらかいも

のをはさんで、三角巾で腕とタオルをつります。さらに、腕と三角巾のまわりを幅の広い包帯または三角巾で巻いて、腕を身体に固定したまま病院に連れて行きます。

（6）骨　折

　外力によって、骨の連続性をたたれた状態です。完全な骨折と、たわんだり、ひびが入ったりしただけの場合（不全骨折）とがあり、不全骨折の場合は、レントゲンをとってもわからない場合があります。

　子どもの骨は発育途上にあるので、まだ十分にカルシウムが沈着していないため、大人のように硬くなっていません。そのため、子どもの場合は、不全骨折が多くなります。子どもの骨折は、修復するのが早く、不全骨折でも元通りに治癒する場合もあります。しかし、骨折部位がずれたり、ゆがんだりしたまま修復した場合、変形や機能障害を起こすことがあります。痛みが強いときや、腫れや内出血が強い場合は、病院に行って、骨折であるかどうかを、診断してもらうことが必要です。

　骨折を疑うような強い痛みを訴えるときは、骨折部を動かさないようにします。骨折部を動かすと、血管や神経を損傷するので、そのままの形で固定します。出血と腫れを最小限にするために、骨折した部位は下に下げないで、挙上します。

　上肢の骨折が疑われる場合は、脱臼時と同様に、腕を上半身に固定します。下肢の場合は、足をまっすぐに伸ばし、健足を添え木として患足を固定します。両足の間にタオルや衣類な

どをはさんで、三角巾で、①足首、②足の甲、③ひざの上、④
ひざの下を縛って固定します。腫れている部分は、しばらない
ようにします。結び目は、健足の上になるようにしてしっかり
結びます。足の下に座布団をおいて患足を挙上し、病院に運び
ます。

第 **13** 章

コロナ禍における子どもの運動あそびと、
保健衛生上、注意すべきこと

　コロナ禍において、家の中で過ごさざるを得ない生活が続くと、親も子どもも、ストレスがたまり、生活リズムも乱れてきます。制限された環境で、十分からだを動かせていないと、体力も落ちてきます。感染しないで、安全に、どのような内容を、どのように行ったら、健康的な生活リズムが維持され、健康づくりが実現できるのでしょうか。留意すべき事項を考えて、本会としても、感染の状況に応じた提案を、具体的に、積極的に発信していきたいものです。

　「運動や外あそび」について注目しますと、まず、コロナ禍では、飛沫感染と接触感染がおこらないように、注意して運動したり、遊んだりすることが必要です。飛沫感染のことを考えると、人との距離や間隔を、2mは離れて、自己空間を確保しての運動がよいでしょう。

　例えば、縄跳び、リズム運動、ダンス等があります。

　①なわとび：なわとびの基本として、安全のために、自己

スペースを確保して、接触しないように行う運動ですから、そのままできます。

②リズム運動やダンス：楽しく踊りながら、テンポや強度、回数を増やせば、トレーニング効果も大いに期待できます。足の回転数を上げたり、歩幅を広げたり、姿勢を変えたり、維持させたりして、からだを鍛えることができます。テレビやインターネットの動画に流れる体操やリズムに挑戦して、いかに楽しくからだを動かすか、そのためのツールとしての利用はおすすめです。

また、接触感染を防ぐことを考えると、接触しないで遊ぶ影ふみや姿勢変えあそび、バランスあそび、距離をとって遊ぶサッカーごっこや、ウォーキング、ジョギング等もよいでしょう。

①影ふみ：接触しない鬼ごっこを、影ふみの要領で行います。ほとんどの鬼ごっこはできます。

②姿勢変えあそび：「あぐら（パパ）」「正座（ママ）」「三角座り（忍者）」の３つの姿勢を、おうちの方のかけ声に合わせて、子どもがすばやく姿勢を変えます。順番を変えたり、スピードを速めたりすることで、より楽しく遊べます。「しゃがむ」「ジャンプする」等、お子さんのできるポーズを加えることで、低年齢のお子さんも楽しく取り組めますし、お子さんが自分で好きなポーズを３つ考えて行うのも楽しいでしょう。楽しく運動することになり、「楽しい！」「もう一回！」と、心が動き、繰り返し

行うことで、家の中でも自然な体力づくりや感動体験を
味わうことにつながっていきます。運動、心動、感動で
す。

③バランスあそび：向かい合って立ち、片足立ちになりま
す。足以外は、好きなポーズをしてバランスをとりま
す。どちらが長く片足で立っていられるかの競争です。
どんなポーズがバランスをとりやすいか、どんなポー
ズがおもしろいか等、いろいろ試してみると、楽しいで
す。

④サッカーごっこ：距離を開けて、ボールを蹴って遊びま
す。また、新聞ボールのキャッチボールもいいですよ。
新聞紙を丸めて、柔らかい新聞ボールを作って、投げた
り、蹴ったりして遊びます。

⑤ウォーキングやジョギング：家族といっしょに、ウォーキ
ングやジョギングに出かけ、地域の神社やお寺巡りをし
てみましょう。住んでいる地域の珍しいものや見過ごし
ていた身近な動植物の発見もできます。きれいな植物や
花にも触れ、気持ちが和みます。

　なお、毎日だらだらとしないためには、朝に誰でもできる
「ラジオ体操」から始めるのがいいです。自粛や休みの折は、
園や学校がある時と同じリズムの生活をするきっかけにできる
と思います。朝から、からだを動かして、気持ちの良い汗をか
くと、血液循環もよくなって、頭がシャキッとします。

　運動会の競争のような積極的な運動では、バトンを使わな

いリレーあそびはおすすめです。バトンタッチの代わりに、置いてあるフープの中に入ると、バトンを渡したこととし、次の走者が走るリレーは、接触なしに競走できます。

　コロナ禍における、安全な公園の利用については、まず、混んでいたら利用しない、いつもより短めに使う、多数が接触する固定遊具は利用せず、空いたスペースでからだを動かす、独占しないように使うことを基本にしましょう。公園は、多くの人や子どもたちが集まってきます。各地域の行政は、多くの人が集まる公園での感染対策に苦慮されるため、利用禁止や立ち入り禁止としたところもありますが、そうなると、とくに子どもたちはますます行き場所を失っているのが問題です。

　公園は、一律に閉鎖するのではなく、使い方の工夫や利用者に感染対策を呼びかけ、継続して安全に利用できるように工夫することが望ましいです。公園は、すいた時間や混雑していない区域や場所を選んで、他人と密接にならないようにすること等、具体的な利用のしかたを呼びかけて、利用してもらいたいのです。

　公園でのジョギングも、マスクをして、お互いの距離や間隔をとって行えば、実践は可能でしょう。要は、密を避けて利用してもらうことです。密集場所（大人数が集まる場所は避ける）、密接場面（間近で会話や発声は控える）、密閉空間（換気の悪い場所は避ける）に気をつける呼びかけ・掲示をしてください。

　つまり、感染対策時の公園利用にあたっては、「少人数」「短

時間」「運動、散歩」利用に限っての使用に理解を求めること
が必要で、「他の人との距離・間隔を、2 m 以上あける」「混
んでいるときは利用を控える」「手洗い、マスクの着用、咳エ
チケットを引き続き呼びかける」ことを、お願いします。

　要は、3密（密閉・密集・密接）の条件の揃わないところで
なら、外で遊んでも大丈夫です。ただし、公園の固定遊具は、
不特定多数の方が触れ、感染の心配がありますので、こまめに
消毒をしてください。家に帰ったら、手洗いやうがいをし、こ
まめに消毒してください。とくに、手洗いは、流水で行いま
しょう。とにかく、子どもをほめてあげて、ポジティブなメッ
セージを伝えていくことで、子どもは、自信を生み、自分で動
こうという気持ちになるのです。そして、「おもしろい」、「楽
しい」、「また、したい」と感動すれば、生活の中で、運動実践
はずーっと続きます。

★コロナ禍における親子ふれあい体操のススメ

　コロナ禍で、子どもたちは外出できず、外で遊ぶことも制
限されていました。それでは、子どもたちの運動不足が心配で
す。子どもの運動と育ちについて、コロナ禍では、どのように
考えたらよいのでしょうか？

　コロナ禍であろうと、なかろうと、子どもたちが元気に育
つには、よく「食べて・動いて・寝る」という生活習慣と、そ
のリズムづくリズムが大切です。とくに、太陽の出ている日中

の運動あそびがとても大切で、運動すると、自律神経の動きがよくなり、何に対しても意欲をもって、自発的・自主的に行動できるようになります。逆に、運動不足だと、自律神経も鍛えられず、その結果、無気力で、何をしても続かず、集中力がない様子が見られるようになります。

　私が、大切に奨励している「親子ふれあい体操」は、どのようなものなのかと言いますと、赤ちゃんの首がすわり、保護者も子どもの扱いに慣れてきた、生後4か月位からできる、親と子どもの健康づくり、コミュニケーションづくりの体操です。最近の子どもたちの生活を見ていると、からだをしっかり動かしていない、体力の弱さが気になります。

　そこで、コロナ禍であっても、子どもたちに家庭で行ってほしい運動を、親子がいっしょに楽しくできるように計画したのが、家庭での「親子ふれあい体操」です。コロナ禍においても、家族で楽しく「親子ふれあい体操」をするには、どういったことを心がければよいでしょうか。体操は、少しの時間でも問題はありません。道具がなくても大丈夫です。親子がお互いの体重を貸し借りし合ってできます。その時の子ども様子をみて、ニーズに合ったものを選んで行えます。

　赤ちゃんや低年齢児に体操を行うときは、急に始めるのでなく、言葉をかけてから始めるのが、安全のためによいでしょう。心の準備をさせることが大切です。また、体操が上手にできたら、しっかりほめて、ハグしてあげましょう。

　親子ふれあい体操を展開するときのポイントやメッセージ

は、体操をして、「ああ、おもしろい」「もっとしたい」「またしてね」というように、子どもの心が動く思い出をしっかりもたせてあげてください。大事なことは、運動を通して、子どもの心が動き、またしたいと感動する体操の実践が大切です。運動、心動、感動です。楽しんでください。

第 14 章

車イスの基本操作と介助

1. はじめに

　車イスのことを知っていますか。まず、お伝えしたい車イス介助の正しい知識と内容から、本章を組み立てました。

①グリップ…介助者が車イスを握って操作・介助するところ。握りの部分です。その下にブレーキがついています。

②タイヤ…後輪のタイヤ

③ハンドリム…ここの部分を持って車イスの操作をします。

④前輪キャスター

⑤ストッパー（ブレーキ）

⑥ティッピングバー…介助者の方がグリップを持って、足でここのテッピングバーを踏むと、前輪キャスターが浮いて、段差をクリアできます。

⑦アームレスト…肘かけになる部分

⑧スカートガード…スカートが巻き込まれないようにガードしてくれます。

⑨レッグレスト

⑩フットレスト…足置き場

2. 車イス介助の知識

(1) 車イスの点検のポイント

乗る前、動く前の点検のポイントを紹介します。安全に、安心して乗るためには、チェックは欠かせません。基本的に、ブレーキレバーを後方に引くと、車イスはロックされます。前方に倒すと、解除されます。左右両側にあります。タイヤの空気が減っている時は、効きが悪いです。ですから、空気も入れておくようにしてください。

ポイントは、両側のブレーキレバーを手前に引き、後輪をロックしているかを点検します。この時、車イスを利用してみて、動かないことを確認しましょう。

次に、フットブレーキのついた車イスもあります。足でフットブレーキを踏み、ロックがかかった状態で車イスを押して動かないことを確認します。もし、動いてしまう場合は、使用を中止し、購入した介護ショップに相談してください。

車輪についてですが、タイヤの空気が減っていると、ブレーキの効きが悪くなるので注意してください。パンク程度の

故障であれば、最寄りの自転車屋さんに修理を依頼することも良い方法です。タイヤの正確な空気圧を設定する場合は、タイヤの側面に空気圧表示がされていますので、それを見て調整をしてください。

　次に、フットレスト、いわゆる、足を乗せるところです。上に、レッグレストがあります。フットレストは、ネジ止めによる固定が多いため、フットレストがネジのゆるみによって脱落したり、適切でない方向に向いてしまっていたりすることがあります。このような場合は、付属の工具でネジを緩め、元の位置に戻しましょう。レッグレストは、マジックテープで裏に固定するものが多いです。外れていないかを確認してください。

　掃除です。前輪キャスターや後輪キャスターの軸の部分に、ほこりや髪の毛が挟まって動きにくくなっていないかを点検しつつ、掃除をしてください。濡れた布で、泥やほこりをふき取った後、乾いた布で拭くことが必要です。

　その他、注意することは、まず、車イスに乗られる際には、必ずブレーキをかけて、車イスが固定できるかどうか、ロックできるかどうかを確認してください。しっかりブレーキをかけていても、横から強い力が加わると、車イスは簡単に動いてしまいますので、十分注意をしてください。また、走行中は足を必ずフットレストの上に乗せておいてください。フットレストと地面の間に、足が巻き込まれる危険性があります。気をつけてください。車輪とフレームの間に、泥除けのついてい

るものは、その間に指や服が挟まれないよう、注意をしてください。

（2）　乗っていただくときの注意事項

　まず、車イスの広げ方、たたみ方です。広げる時のポイントを紹介します。グリップを持って左右に広げます。そして、シートを上から押さえます。要は、手のひらで、シートを押し下げて広げます。その際に、自分の手を挟まないように気をつけてください。たたむときは、まず、フットレストを上げてください。そして、シートの中央部分を持ち上げて、左右をゆっくり寄せていき、両側から押さえてたたみます。

　次に、乗った時の確認のポイントと言葉かけをお知らせします。前に回って、顔を見て、痛いところがないか、フットレストの上に足がきちんと乗っているかを、笑顔で確認しましょう。もし、何かあれば、その原因を調べて解決してください。

　言葉かけですが、「どこか、しっくりこないところはありますか？」「深く腰をかけられましたか？」等、確認をして、「大丈夫ですね」「動きますよ」と伝えてから、ゆっくり発進します。

（3）　動く前の確認ポイント

　これから何をするかを知らせることが、重要です。ブレーキレバー、ストッパーを解除します。グリップを持ちます。言葉をかけてから、ゆっくり押します。話をしながら、相手を

リラックスさせます。では、「○○に向かいます。動きますよ」
と、前もって行うことを言うことで、不安感が取り除けます。

3. 基 本 操 作

　まっすぐ前進をしていきます。どこで、何をするために、
移動するのかを知らせます。ブレーキを解除し、ゆっくりと前
に進みます。幅の狭い場所では、アームレストに乗せた腕を、
膝の上に置くようにします。車イスの幅や長さを意識して移動
させてください。
　まずは、言葉がけを大切に、移動の喜びを、介助者の笑顔
と共に分かち合ってください。

（1）前向きの右折・左折
　曲がるときは、車の運転時と同じように外側から内側に大
きく車イスを動かします。曲がり角の先が見えづらいので、
ゆっくりと気を配り、移動します。フットレストからつま先が
出ていることに注意し、壁や机などにぶつけないように回転し
ます。ぶつかりそうになったら、車イスを一度止め、後ろに少
し戻してから、チャレンジします。
　言葉かけのポイントです。「ゆっくり回しますよ」と、安心
させてから移動します。「今度は、後退です。まっすぐ後ろに
下がっていきます」と後ろを振り返って、周囲の状況を把握
してから、「後ろへ、このまま下がります」と、言葉をかけま

す。車イスをまっすぐにして、ゆっくりと下がります。後ろを振り返る時、車イスの片方のグリップを強く引いて左右に揺れてしまうことがありますので、その時は両方のグリップを均等に握り、まっすぐ進むように心がけましょう。「後ろには、私がいますからね」「もうすぐ前に向きますから」等と、いつまで続くのかを知らせます。後ろ向きの右折・左折について、「後ろに回ります」と言葉をかけながら、外側から内側へ大きく車イスを動かします。壁にフットレストがぶつからないように、周囲の安全やゆとりを確認しましょう。注意が、後方や内輪、外輪などへ向くことが多いと、集中力が散漫になりやすいので、介助者は落ち着いて行動しましょう。「大きく回りますからね」「ゆっくりと動きますから」と、優しく言葉をかけるのが、言葉かけのポイントです。

（2）上り坂・下り坂

　「上り坂です。後ろに体重をかけた状態で、前向きに上ります」坂が急であれば、介助者のからだを車イスに近づけるようにして、車イスが振れないようにします。登り切ったら、一度、止まります。

　介助のポイントです。利用者のからだが後方へ移動します。介助者が車イスに近づくことで、安心感を与えます。また、いっしょに声をかけて、言葉を出して言うことで重荷となる気持ちを軽くすることができます。

　下り坂です。下り坂では、後ろ向きに下り、スピードがつ

かないように、ブレーキを左右均等に少しずつかけながら移動します。車イスを坂に対してまっすぐに向け、介助者は少し後傾し、グリップをしっかり持って、下り終えるまで同じペースで動きます。車イスが振れると、不安をもたらします。まっすぐにして、ゆっくり動かしましょう。心がけのポイントとしては、「しっかり持ってますからね」と、安心してもらえるよう、言葉がけをします。

（3）　階段のぼり・段差おり

　車イスを、段差に対してまっすぐに向けます。ティッピングバーを踏み、グリップを下げると、前輪が上がります。そのまま前に進み、後輪を上げます。ポイントは、勢いをつけず、ゆっくりと押します。低い段差なら、後輪を大きく持ち上げなくて大丈夫です。前輪を上げたときに、座っている人のからだが反るので、介助者のからだを添わせると、安心感をもたらしてくれます。

　言葉がけのポイントは、今、どういう状態になっているかを知らせたり、「大丈夫ですよ」と言ったりして、安心感を与えてください。後輪タイヤが、段差に当たった時に持ち上げます。

　段差おりです。段差があまりない時は、下りに対して車イスをまっすぐに向けてゆっくり下ります。段差がある時は、下りに対して後ろ向きになってまっすぐ下りますが、この時もブレーキを左右均等に使用すると、徐々に降りることができま

す。下りは、落ちそうな気持ちになりますので、不安を感じさせないようにゆっくりと降ります。ガタンという音や衝撃を与えないように、気を配ります。「しっかり持っていますよ」と、言葉をかけて安心してもらいます。

（4）　エレベーター

　エレベーターに乗って、中で方向転換することは難しいものです。乗る前に方向を転換して、後ろ向きでエレベーターに乗ったり、前向きのままで乗って後ろ向きで下りるのもよいでしょう。そのとき、アームレストの上の腕は、膝の上に移します。前方からエレベーターに入る時は、エレベーターの扉部分の隙間に、前輪キャスターが落ち込んでしまうことがありますので、気をつけてください。

　エレベーターでは、狭い空間の中で他人から見られるという意識が強くなります。不安そうな場合は、車イスの前に立ち、笑顔で向き合いましょう。これが介助のポイントです。

　言葉かけは、「後ろ向きで降りますから」「ありがとうございます」等と、明るく他人にも元気で受け答えすることで、互いが心地よい時を過ごすことができます。「回転して、バッグで入ります」「乗りますよ」それぞれのポイントを知らせていきます。

4. 屋内外の対比

　部屋の中と戸外では、どう違うのでしょうか。屋内では、バリアフリーのところが多いので、さほどの衝撃はないので、介助者が一人でも構いません。屋外では、線路の溝とか、格子状の排水溝の蓋、砂利道など、前輪キャスターを落として転倒の恐れがありますので、介助者は2人で行くことをおすすめします。何かあったときに、すばやく対応できるので、2人がおすすめです。

　介助のポイントです。屋内は慣れているので、安心ですが、刺激がないので、表情はあまり変化はありません。屋外は、刺激が満ち溢れていますが、不安も大きいのです。

　四季や人とのふれあいを楽しみながら移動します。

　言葉がけのポイントです。外で見つけた四季を楽しめることも大切です。「気晴らしをしましょう」「何か見つけていきましょう」等、心のゆとりを見つける言葉がけをすることが大切です。

5. 配 慮 事 項

　さて、最後に配慮すべきことについて、お話をします。車イスを利用し続けなければならなくなったとき、人は自分自身の姿に涙することがあります。車イスを受け入れることは、自

分の姿を知ることであり、他人の助けを借りなければならない事実を認めることにもなります。屋外での車イスの移動は、スムーズに行えない厳しさがあります。だからこそ、介助者は利用者の心の状態を理解することと、車イスの扱いを十分に熟知することが大切と言えます。

　子どもの場合の配慮です。一般に、子どもは、車イスを使用することに対する現実受容や自己受容が、大人に比べて十分にできない場合が多いため、より積極的な介助者の関わりを必要とします。子どもとの関係性を深めるためには、子どもの言葉を否定せず、肯定的に対応することが大切になりますが、思っていることとは異なる言語表現を用いる場合もありますので、言葉の裏側にある子どもの気持ちや感情面に寄り添い、共感的に接していきましょう。

第 15 章

視覚障がい児・者の援助

1. はじめに

　街角で困った様子の視覚障がい児・者の方に出会ったら、みなさん、どうしたらよいのでしょうか？ 協力・援助する具体的な方法や手順を考えてみましょう。

　まず、「何かお困りですか？」、「お手伝いしましょうか」、「ご案内をさせていただきましょうか」等と言葉をかけて、協力・援助しようとしていることを伝えて下さい。

　ここでは、私の経験や思い出の中から、皆さんと共有したい質問を抽出し、それらに対する私の提案で、話を進めていきたいと思います。

2. 視覚障がい者の方に街角で出会った時の道順の説明

Q1：視覚障がい者に街角で出会った時、道順の説明は、どのようにすればよいでしょうか。

A1：まず、わかりやすい表現で、ゆっくり話します。方向を説明する時は、あっちやこっちという表現を避け、相手のからだの向きを中心にした、前後・左右などの方向で、はっきり伝えましょう。指さしは、全盲の人にはまったく理解できません。「パン屋は、この場から数えて2本目の路地を左に曲がってください」と、具体的に説明することが大切です。

　まず、言葉をかけて、協力・援助しようとしていることを伝えましょう。いきなり、からだを触ったり、驚かしたりしないように、思いやって言葉をかけてください。「何かお困りですか？」「お手伝いしましょうか？」「ご案内しましょうか？」等、いきなり引っ張ったり、「危ない！」と叫んで、驚かすようなことになったりは、絶対にしないようにしてください。「あの道をこっちからあっちへ」、こっちあっちという表現はわかりません。具体的な言い回しで、伝えてほしいです。抽象的な言い回しは、しないようにしましょう。

3.　誘導の仕方

Q：誘導は、どのように行ったらよいのでしょうか？

A：相手の意思をよく確認してから誘導します。どこまで誘導すればよいかをしっかり聞きます。お互いに無理をせず、わかりやすい場所としましょう。「□□駅までお願いします」「△△駅の東口の切符販売機前までで、よろしいですね」等と話してください。

　誘導中、安全に気を配りながら、周囲の様子や情報を伝えていくことで、親近感が生まれ、お互いにリラックスできます。誘導を終えるときには、その後に一人で移動できるよう、まわりの状況を説明してから、離れましょう。もちろん、同じ方向に行く他の人に誘導を依頼することも良い方法です。

4.　言葉かけ

Q：視覚障がい者の方に、言葉をかけた方がよい時はどんな時でしょうか？

A：危険を伴ったり、まわりの状況を判断しにくかったりする時は、ぜひ、一声かけて、援助しましょう。飛び出た障害物や危険な場所への接近の時、「陸橋の下です。頭が危ないですよ」、駅のプラットホームにいる時などは、「止まって！　危ないですよ！」と。また、人混みで混雑してる

時、まわりの音が騒がしすぎて状況がつかない時、工事現
場の近くや騒音の激しい場所にいる時は、進んで誘導や手
引きをしてあげてください。

　あわせて、「子どもの声が、いっぱいしますね」、「この付近
に小学校があります」、「あと 200 mほどで、〇〇駅です」等
と、まわりの状況説明もしてあげてください。

5.　安全に誘導するための手引き、介助歩行

Q：視覚障がい者の方の介助歩行で誘導する際に、最も注意し
　　なければならないことは、何ですか？ また、そのための
　　手引きの基本技術を教えてください。

A：それは、安全の確保です。視覚障がい者の方を手引きで、
　　安全に誘導する人を、ヘルパーと呼びます。そのための手
　　引きの技術の基本を説明します。安全に誘導するための手
　　引き、介助歩行の基本ですが、手引きは、視覚障がい者の
　　方より半歩前に立ち、肘付近を軽く握らせてあげてくださ
　　い。

　　　手引きする腕は、自然に下げて、余分な力はできるだ
　　け抜くようにします。緊張したり、肘をつっぱったり、肘
　　がからだから離れたりすると、ヘルパーの動きを視覚障が
　　い者の方に伝えにくくなります。視覚障がい者の方が、肘
　　を強く握ったり、尻込みをしてる時は、視覚障がい者の方
　　が不安を感じてる時ですから、歩く速さをやや遅めにした

り、会話で不安や緊張を和らげたりしてください。

　歩行中は、2人分の幅を取っているので、視覚障がい者の方の近くの障害物にはくれぐれも注意をしてください。物を避けるとき、基本で2人が通れない場合は、狭いところを通る要領で進み、まずは狭くなることを伝えます。手引きしている腕を、後ろに回して、ヘルパーが先に立ち、前後に並んで通ります。この時、ヘルパーは、からだが常に進行方向に向くように心がけます。視覚障がい者の方には、肘を持っている腕を伸ばしてもらい、ヘルパーとの距離を取るようにしてもらいます。

　歩く速さは、ゆっくりとしたペースで、通り過ぎたら、もとの基本形に戻ります。ヘルパーと視覚障がい者の方の身長が大きく異なる場合は、お互いに無理のない姿勢で、とくに視覚障がい者の方にはヘルパーの腕のつかみやすい部分をつかむようにしてもらいましょう。

　後ろから押したり、抱きかかえたりするような誘導は、視覚障がい者の方にとっては、方向が定まらず、不安を抱くことになりますので、絶対に避けましょう。子どもの場合は、ヘルパーが子どもの手を握って誘導するのがよいでしょう。

6.　狭いところでの手引き

Q：狭いところを通る時の手引きを教えてください。

A：一人しか通過できないような狭い所へ来た時は、狭くなることを、まず伝えます。そして、手引きしている腕を後ろ

に回してヘルパーが先に立ち、前後に並んで、ゆっくりと通ります。この時、ヘルパーは、からだが常に進行方向に向くように心がけます。視覚障がい者には、肘を持っている腕を伸ばしてもらいながら、距離を取るようにしてもらいます。それによって、ヘルパーは、かかとを踏まれずに進むことができます。そして、「狭いところを過ぎましたので、元通りの位置でお願いします」と、話してください。

7. 段差や階段での手引き

Q：段差や階段では、どのように手引きをしたらよいでしょうか。

A：まず、段差や階段に対しては、まっすぐに近づきます。そして、段の手前で立ち止まり、上りか下りかを伝えます。つま先か、白状の先で、最初の段を確かめてもらいます。続いて、手すりを使用するかしないかを、本人に尋ねます。手すりを使用するか、しないかは、本人の判断に任せます。使用することを希望された場合は、手すりに触れさせてあげてください。

　下りの階段があります。「手すりを持たれますか？」と、手すりを使用する場合は、手すりに触れさせてあげましょう。つま先で最初の段を確認してもらいます。ヘルパーは、先に降り始め、一段あとに続きます。段の終わりでは、視覚障がい者が完全に下り終えるのを待ってから、先に進みます。下りに恐

怖感をもつ視覚障がい者の方が多いので、とくに安全には配慮
し、不安が生じない手引きを心がけましょう。手すりを持って
安心な時には、ご自分で挑戦してもらってください。ただし、
すぐに補助できる位置で見守ってあげてください。降り終えた
ら、「最後の段が終わりましたよ」と、伝えてください。

8.　車の乗り方

Q：車の乗り方の手引きは、どのようにしますか。

A：まず、ヘルパーは、ドアを開け、視覚障がい者の方の右手
　　を、屋根の上の部分に、左手をドアの上部に触れさせてあ
　　げます。そうすることで、進行方向や高さがわかり、頭を
　　ぶつけたりすることはなくなります。続いて、屋根に手を
　　触れさせてあげながら、乗り込んでもらうようにします。
　　白杖は、ドア側に寄せておくように伝えます。車の利用に
　　慣れている視覚障がい者の方に対しては、ドアの取っ手に
　　触れさせてあげるだけで結構です。自分で確認しながら、
　　乗ってもらいます。

9.　バス利用の手引き

Q：バス利用の手引きはどのようにしますか。

A：歩道から車道に一旦降りて、バスに乗車する場合は、「車
　　道に降り、バスに乗ります」というふうに、状況を説明す

る言葉をかけます。降りるときも同様です。「直接、歩道
に降ります」という具合に伝えます。

　バスの乗降口に、まっすぐ近づきます。手すり、ステップ
の高さ、整理券の受け取り場所を伝えます。ヘルパーが、「車
道に降り、バスに乗ります」と、具体的な手順を説明します。
発車の勢いで、倒れないように乗車したら、つり革や手すりを
使ってもらうようにしましょう。

　運賃の支払いは、事前に相談し、決めておくことがよいで
す。ヘルパーは、先に乗降します。「手すりはこれですよ」、
「料金は、200円です」、「5つ目の停留所で降りますよ」等
と、バスから降りるとき、ヘルパーがステップの手すりに導い
て、一段ごとに両足をつき、視覚障がい者に合わせて降りま
す。

10.　電車の利用の手引き

Q：電車利用の手引きは、どのようにしますか。

A：ヘルパーは、先に乗降します。その時、視覚障がい者の方
　　が、ホームと電車の隙間に足を踏み外さないように注意し
　　ます。ホームのふちにまっすぐ近づき、ホームと電車の隙
　　間と電車のステップの高さを、視覚障がい者の方に、白杖
　　で確認してもらいます。視覚障がい者の方の手を、手すり
　　や戸袋に触れさせ、足元を確認した後に、乗車します。降
　　りるときも、同じ要領で行います。戸袋は、開けた戸をし

まっておくために、端に設けた囲いのことです。

　ホームと電車の隙間、電車のステップの高さを確認してください。乗車したら、発車の勢いで倒れないように、吊革か手すりをつかむようにしてもらいます。降りる時は、ドアの前に立ちます。視覚障がい者の方は、片手で誘導者の肘を、もう一方の手で戸袋に触れ、片足でドアレールを確認します。

11.　ドアの通り抜けの手引き

Ｑ：ドアの通り抜けの手引きは、どのようにしますか。

Ａ：ドアの開閉の時、ヘルパーがドアを開け、視覚障がい者の方が閉めるようにすると、スムーズにいきます。ヘルパーは、ノブ（ドアの取っ手）側に、視覚障がい者の方は蝶つがい側に、それぞれ位置します。蝶つがい側は、ドアを開閉するために取り付ける金具の側です。ドアが開く方向、押しドアか、引きドアかを伝えます。ヘルパーは、ドアを開き、視覚障がい者の方の空いている手にノブを持たせてあげます。

　「今、ドアの前にいます。右にとってです。引きドアです」というふうに、情報を伝えます。ドアを引く時は、２人とも下がります。ヘルパーは、前進し、視覚障がい者の方の手を、ドアエッジ、または、ノブに導きます。視覚障がい者の方は、ドアを通り抜ける時、ドアの裏側のノブに持ち替えて閉めます。

12.　エレベーター利用の手引き

Q：エレベーターでの手引きは、どのようにしますか。

A：エレベーターを利用することを、まず伝えます。そして、
お互い、扉の方を向き、出る準備をしておきます。一言、
言葉をかけます。「10 階建てのビルです。エレベーターに
乗って、5 階で降ります」と建物の階数は、知らせてあげ
るといいですね。降りる時も、視覚障がい者の方の手を、
入り口の戸袋に導きます。これは、ぶつかるのを防ぐため
と出口を確認するために行います。要は、エレベーター利
用においては、エレベーターを利用することを伝えたり、
エレベーターの中に入ったら、お互い扉の方を向き、出る
準備をしておくということです。

13.　エスカレーターの手引き

Q：エスカレーターでの手引きは、どのようにしますか。

A：エスカレーターを利用するということと、それが上りか下
りかを伝えます。まず、エスカレーターの手前で立ち止ま
り、空いている手をベルトに触れるように誘導します。そ
して、ヘルパーは、一段先に位置するように、タイミング
良く乗り込みます。続いて、エスカレーターの終わりが近
づいたら、そのことを伝えます。降りる際には、お互いバ

ランスを崩さないように、タイミングよく降ります。

　要は、下りか上りか、どちらの方向に向かうエスカレーターかを、まず伝えます。「下りのエスカレーターです」とベルトに、手を触れるように誘導して下さい。視覚障がい者の方は、足でステップの出てくるタイミングを図って乗ります。つかんでいるベルトが、まっすぐになったら、降りる用意をします。単独で利用する方が安心できるという場合には、そのようにさせてあげてください。バランスを崩しやすい方やお年寄りの場合は、安全を十分に確保できる援助を工夫し、心がけます。

　エスカレーターに乗ったら、ヘルパーは、視覚障がい者の方より、一段下から援助することがより安全に繋がります。バランスを崩しやすい方やお年寄りの場合は、安全を十分に確保できる援助を工夫し、心がけます。例えば、エスカレーターに乗ったら、視覚障害がい者の方より一段下から援助することが、より安全につながる場合もありますので、留意してください。単独で行動する場合は、ヘルパーは降りた位置で、視覚障がい者の方が後ろから降りてくるのを待つようにします。

14. トイレ利用の手引き

Ｑ：トイレの案内・誘導は、どのようにしますか。

Ａ：手引きでトイレまで行きます。大便器の場合、ドアの前まで案内し、中の仕組みを簡単に説明します。最低限必要な

情報は、便器の位置と使用方法、鍵の位置とかけ方、トイレットペーパーの位置、水洗レバーのタイプと位置、くず入れの位置です。小便器の場合は、便器の正面に対し、水洗か、押しボタン式の場合、その位置を触れさせてあげます。水洗レバーのタイプと位置、トイレットペーパーの位置、鍵の位置とかけ方、電気の位置と使用法、くず入れの位置です。異性の視覚障がい者の方をトイレに誘導する場合は、視覚障がい者の方と同性の店員の方や、近くにいる利用者の方に誘導を依頼することもよい方法です。「トイレの誘導を、お願いします」

15.　お金の受け渡し援助

Q：お金の受け渡しの援助は、どのようにしますか。

A：お金は、できるだけ視覚障がい者の方、ご自身に扱ってもらってください。支払いや釣り銭の受け取り等、お金の受け渡しをする時には、札や小銭の種類、枚数を必ず声に出して、金銭別に確認して渡すようにしましょう。「おつりは、1,000円でした」と、1,000円をきちっと渡します。お金は、種類別に分けて財布に入れるといいですね。お札は、種類によって大きさが違いますので、たたみ方を変えるとわかりやすくなります。例えば、1万円はそのまま、5,000円は2つ折り、1,000円は4つ折り等と工夫される方も多いです。また、お金は、横の長さがお札によって

違います。1万円は 16cm、5,000 円は 15.5cm、1,000 円は15cm というふうに、横の長さが違います。また、右下の部分は、目の不自由な方が、指で触って識別できるようになっています。少しザラザラしている印刷になってるのです。識別マークが、お札の右下に準備されています。1万円札は、逆のL字になったザラザラ面です。また、1,000円札は、横棒です。そして、5,000 千円札は、円形のような形でザラザラ感を感じることができるように、お札によって違います。視覚障がい者の方は、ご自分で確認をされています。

16. 店内移動の手引き

Q：店内での移動の手引きは、どのようにしますか。
A：人混みや商品が出て通路が狭くなってる時は、狭いところでの手引きで移動します。そして、買い物中は、杖や荷物が、周囲の人の迷惑にならないように配慮します。

17. 一時的に離れる時の対処

Q：一時的に離れる時の対処の仕方はどのようにしますか。
A：視覚障がい者の方から、一時的に離れるときは、視覚障がい者の方を、壁や柱などに触れさせてあげましょう。広い空間に一人でいると、大変不安になります。離れる理由を

伝えます。待つ方としても、安心して待てます。また、離れる前に周囲の状況を簡単に伝えておきます。

　壁側に移動して、壁に手を触れていただきます。必ず、壁や柱などに触れさせてあげましょう。「ちょっと待っていてください」と、そうやって、場を離れてください。ヘルパーの方が、お手洗いに行くこともよくありますね。「ちょっとお手洗いに行ってきますので、ここで待っていてください」と、状況を説明します。「隣に売店があります。ここは、安全な場所なので、心配ありません。しばらくお待ちください」というように。

18. 喫茶店やレストラン利用の援助

Q：喫茶店やレストラン利用の援助の仕方について教えてください。

A：店に入る時は、ドアの通り抜けの要領で行い、室内ではテーブルとテーブルの間が狭くなっていることが多いですので、狭いところの通過方法で移動します。

19. イスを進めるときの手引き

Q：椅子を進める時の手引きは、どのようにしますか。

A：手引きの基本の形で椅子に近づき、視覚障がい者の方の手を椅子の背もたれに軽く触れさせるように誘導します。背もたれの感触で椅子の向きがわかり、後は一人で座ること

ができます。テーブルがある場合、手を、テーブルと椅子の背に、軽く触れさせてあげてください。背もたれのない椅子やソファー等の場合は、座る部分に手を直接触れさせてあげ、視覚障がい者の方の椅子に座らせる場合に、肩を上から押さえるようにして座らせることはしないようにしてください。背もたれのある椅子は、視覚障がい者の方の手を、椅子の背もたれに軽く触れるように誘導しますが、背もたれのない椅子は、視覚障がい者の方の手を、座る部分に軽く触れるように誘導してください。

20．メニューと値段の説明

Q：メニューと値段の説明は、どのようにしますか。

A：席に着いたら、メニューは全部読み上げるのではなく、相手の好みや希望を聞き、それに合ったメニューを値段といっしょに読むようにします。「エビピラフは、いくらですか？」「780 円です」等と、やり取りをしてみてください。

21．テーブルの上の物の位置の説明

Q：テーブルの上の物の位置の説明は、どのようにしますか。

A：テーブルの上に、料理や飲み物が置かれたら、その位置と料理の内容を説明します。テーブルを時計の文字盤に見立

てて、物の位置を時刻に置き換えて説明します。食器を、手で直接触れさせてあげながら、説明をすると、より確実に理解できます。テーブルの説明が終わったら、相手の意向をよく聞き、手を貸すかどうかを判断します。過剰なサービスは必要ありません。さて、対象者の方のからだが一番下にあります。時計の文字盤でいうと、視覚障がい者の方の位置は、6時の位置であることを説明します。そうすると、10時の位置に醤油があります。1時の位置にサラダがあります。5時の位置にスープがあります。そういうふうに、テーブルの上の物の位置の説明を、時計の文字盤に見立てて行います。手を貸す場合は、対象者の手を物に導いて、物の名前と位置を説明してください。

22. ヘルパーとしての心得

Q：ヘルパーとしての心得、手引きの基本を教えてください。

A：視覚障がい者の方を手引きし、介助歩行で安全に誘導する人を、ヘルパーと呼びます。ここでは、手引きの基本を説明させていただきます。ヘルパーの服装は、どのようなものがよいでしょうか。また、荷物は、どのようにしますか。手引きをする時の服装は、動きやすい服装と歩きやすい靴にすることを基本とし、行き先や活動などの目的に合わせて考えましょう。手引きをするときは、両方の手が空いていることが望ましく、できるだけ荷物を持たないよう

に配慮して、リュックのように、両手が自由になるカバン
に荷物を入れて運ぶとよいでしょう。両手が自由になる状
態がベストです。

23. 白杖の役割

Q：白杖の役割と使い方について教えてください。

A：手引きの際、視覚障がい者の方には、白杖を携帯してもら
　います。白杖を利用してもらうことにより、安全に手引き
　ができます。白杖が意味すること、安全の確保、杖の先で
　障害物や段差を確認します。情報の入手、白杖は、伝導性
　や伝達性に優れています。路面の状況や点字ブロックを把
　握することができますので、情報を取り入れるためには有
　効なものです。シンボルとしても、役に立ちます。白い杖
　を使用することで、周囲の人に、視覚障がい者であること
　を知ってもらいます。

　いろんな白杖があります。折りたたみ式、スライド式は、
収納が便利です。しかし、つなぎ目がありますので、伝達性が
少し悪いかもしれません。自分のからだのサポートもできるサ
ポートケイン、そして、まっすぐになっているもの、折りたた
み式のもの、あるいは、スライド式で収納のできる白杖もあり
ます。

　※白杖の役割：白い杖をついているということで、視覚障が
い者であることを他人に知らせる意味もあり、杖の先で一歩前

方の段差を知ることもできます。自分の位置を知り、手がかり
を得ることにも役立ちます。からだが障害物に直接ぶつかるこ
とを防ぎます。そして、路面の状況を知ることもできます。こ
のような役割を、白杖はもっています。

24. 雨の日の手引き

Q：雨の日の手引きは、どのようにしますか。

A：雨の日の手引きでは、２本の傘を、それぞれにさすのは困
難ですので、大きめの１本の傘に２人が入るようにしま
しょう。このとき、手引きの基本より、前後の距離を詰め
て、やや横に並ぶ状態にします。もちろん、お互いが濡れ
ないように、レインコートや雨靴を着用すると、さらに良
いでしょう。雨の日は、路面が濡れて足元や杖が滑りやす
くなっていますので、よりいっそうの注意が必要です。要
は、大きめの傘、視覚障がい者の方の手を、傘の柄に誘導
して持っています。レインコートを身につけるといいです
ね。滑らない靴や長靴を着用するという形で、雨の日の手
引きをしていただけたらありがたいです。

25.　おわりに

　視覚障がい者の方が安心して手引きが受けられるよう、信頼関係を築くことが大切です。手引きをしている時は、街の様子の説明や状況の変化に応じて、例えば、「右に曲がります」とか、「段差があります」といった言葉かけが大切です。また、視覚障がい者の方のプライバシーについては、深入りをしないようにします。同情や哀れみで接するのではなく、相手の人格を尊重し、理解しようとする姿勢が大切です。あくまでも、安全性を第一に手引きすることが求められます。約束の時間は厳守してください。ヘルパーが待ち合わせの時間に遅れた場合、視覚障がい者の方が、自分が時間や場所を間違えたのではないかと大変不安を抱かれます。

第 16 章

コロナ禍を経た子どもたちの心身の変化と
今後の運動や外あそびの必要性

　1980 年頃から 2019 年末まで、私たちの社会は夜型化が進んで、子どもたちは、遅寝、遅起きで、朝食をしっかり食べずに、朝の排便もなく、園に登園している幼児が目立ってきました。社会生活が夜型化し、働く母親が増加、保護者の勤務時間が延長されることも一因となり、子どもたちの生活のリズムにくるいが生じてきました。

　早稲田大学前橋　明研究室の研究から、幼児の夜型化の誘因になっているものは、①日中の運動不足、②テレビ・ビデオ視聴の長さ、③夕食開始時刻の遅れということが、わかりました。

　その後、2020 年から、新型コロナウイルスの感染拡大に伴う外出自粛や運動規制が加わり、子どもたちは、ますます外に出て動かなくなりました。その結果、外あそびは激減し、室内でのテレビ・ビデオ視聴だけでなく、動画視聴、いわゆるスマートフォンやインターネット等を使っての静的な活動や目を

酷使する活動が増えてきました。

　結局、体力低下だけでなく、視力低下の子どもたちが増え、また、運動不足・食（おやつ）の不規則摂取による肥満や、逆に、食の細いやせ傾向など、普通体型の子どもたちが激減する結果になりました。

　まず、デジタルデバイスの過度な利用によりもたらされる心身への影響については、多くの保護者や教育者が懸念していますが、その影響に関するエビデンスは、まだ十分に議論されていません。デバイスの過度な利用がもたらしうる子どもの健全な成長への影響について、これまでの研究をもとに、その負の影響を、運動や外あそびが打ち消しうるかについて検討し、デバイス利用と合わせて、外あそびが奨励されることの重要性について確認したいと思います。

　コロナ禍によって、屋外で過ごす時間の著しい減少と、デバイス使用時間の増加は、近視発症を引き起こす可能性が高くなりました。また、長時間のデバイス使用は、姿勢に影響し、子どもの頭部や頸部屈曲を引き起こす可能性があります。

1.　外あそびは近視を抑制するのか

　これまでの調査・研究により、外あそびの時間が増えたことで、近視の子どもたちの数が減ってきた、近視の程度が軽くなってきたことがわかり、外あそびと近視とは密接に関連していることがわかっています。海外の 2008 年頃の研究でも、近

くを見る時間が長くても、外あそびをしっかりしていれば、子どもの近視の程度は軽くなるというデータがあります。

　また、近視は、遺伝的な要素が考えられがちなのですが、両親が近視でも、1日2時間以上、外でしっかり遊んでいる子どもは近視になる確率が低く、両親が近視でなくても、外で遊ばない子どもは近視になりやすい、といったデータも出てきています。よって、外あそびの時間が、目の近視の発症の抑制に、非常に大事と考えています。

　日本は、他の東・東南アジア諸国と比較すると、近視に対する取り組みが出遅れており、例えば、シンガポールや台湾では、本と目との距離を30センチ以上に保つための指導など、政府主導の近視抑制の施策が行われています。最近では、外あそびの時間を増やすことにも、積極的です。1日60分～80分くらい、朝の始業時間前や昼休みを長く取る等の工夫をして、子どもたちを遊ばせることで、近視の有病率がぐっと減ったという結果が出てきています。

　★戸外で、遠くと近くを交互に見ることで、毛様体筋の動きを活発化させ、目の血液循環と新陳代謝に有効です。毛様体の筋肉が収縮することによって、水晶体の厚さを変化させ、遠くや近くを見るときのピント調節をします。

　★睡眠時間が短いほど、近視になりやすい：睡眠中に眼球の筋肉がリラックスし、目の疲れを軽減することで、近視の進行を抑制します。また、睡眠不足が体内のホルモンバランスを崩すことで、眼内圧が不安定になり、長期的

に視力にネガティブな影響を与えます。

★十分な睡眠は、眼球の筋肉を休ませることにつながり、近視の予防と治療に有効です。

★適切な光環境は、近視進行を抑制し、屋外での活動を促進することが、目の保護に役立ちます。外あそびが30分以上、夕食後、夜、外出しない幼児の裸眼視力の異常発生率は、低く保たれます。

2.　具体的に、外あそびの何が、近視の抑制に有効なのか

　外あそびの様々な要素のうち、目には「光環境」が効いていることがわかってきています。その中でも、光の波長、紫外線より少し長い紫色の光である「ウルトラバイオレット」の近視抑制効果に着目しています。ひなたで、陽の光がさんさんとしている場所がベストではありますが、日陰でも十分有効な光が入ってきますし、例えば、室内でも、窓を開けて、窓際で本を読んだり、作業したりすることでも効果があります。

3. 外あそびは、目の他にも、子どもたちの自律神経にも影響するか

　子どもたちの生活に関する調査を通じていえることは、日本の子どもたちが抱えている学力・体力・心の問題は、乳幼児期からの睡眠・食事・運動のリズムが崩れて、脳や自律神経の働きを悪くしていることが影響しているということです。自律神経の働きが低下すると、体温調節や脳内ホルモンの分泌の時間帯が乱れ、オートマチックに身体を守ることができなくなります。そうなると、意欲的な活動がしづらくなったり、勉強に専念できない、イライラする、カーッとなったりといった心の問題にも繋がっていきます。

　生活習慣とリズムは、小さい時期に整えてあげたいですね。子どもたちには、外で光の刺激を受けながら遊ばせよう、と心がける大人の意識が大事だと思います。また、「外あそびをしよう」と言っても、今の子どもたちは、外あそびのレパートリーをあまりもっていませんので、伝承あそびを教えたり、様々なからだの動かし方やノウハウを教えたりという指導者が必要です。外あそびの普及は、指導者養成とセットで行っていかなくてはならないと考えています。

4. 生活習慣を乳幼児期から整えていくことが大切だが、近視の抑制についても同じことが言えるのか

　未就学児から小学校低学年の間に、目の成長がぐっと進み、目の形が変わります。今の医療では、まだ、変わってしまった目の形を元に戻すことはできませんので、その時期が目にとても大切だということは、共通しています。積極的に外あそびをさせてあげたい時期です。

　外あそびを通じて、子どもたちが、運動の基本である「歩く」、主役である「走る」をしっかり行い、

　光の刺激も受けながら、友だちといっしょに社会性を育む、そんなあそび心のある生活が送れるよう、保護者や園・学校の先生方にしっかりと呼びかけながら、取り組んでいきたいものです。

5. 生活習慣への影響（睡眠・栄養・運動）

　長時間のデバイス使用により、睡眠の量や質が低下するため、翌日の覚醒に影響し、注意力が低下します。乳幼児期におけるデバイス使用の習慣は、就学時期以降の行動面での発達や生活習慣にネガティブな影響を与えます。

　一方、太陽光を浴びることで、子どもの体内時計が調整さ

れ、睡眠不足が解消されるため、生活リズムの悪循環が改善します。健全な生活リズムと外あそびの実践は、大脳や自律神経機能の発達を促し、体調・情緒を安定させます。

　栄養面からみると、デバイスの過度な使用は、睡眠や栄養状態にネガティブな影響をもたらし、健康を脅かすリスクとなり得ます。一方、太陽光に当たることで生成されるビタミンＤは、たんぱく質の働きを活性化し、カルシウム・リンの吸収を促進するため、正常な骨格と歯の発育を促します。

　よって、外あそびには、デジタルデバイスによる負の影響を打ち消す効能があると考えています。

　以上です。これらの情報が、世界の幼児体育に少しでもお役に立てれば幸いです。

■著者紹介

前橋　明　（まえはし　あきら）

　現　職　早稲田大学 人間科学学術院 教授／医学博士
　学　位
　　　1978 年　米国ミズーリー大学大学院：修士（教育学）、
　　　1996 年　岡山大学医学部：博士（医学）
　教育実績（経歴）
　　　倉敷市立短期大学教授、米国ミズーリー大学客員研究員、米国バーモント大
　　　学客員教授、米国ノーウイッジ大学客員教授、台湾国立体育大学客座教授を
　　　経て、現職
　活動実績（社会的活動および所属、学会等の所属）
　1) 社会的活動
　　　一般社団法人 国際幼児体育学会会長、一般社団法人国際ウエイトコントロー
　　　ル学会・会長、日本レジャー・レクリエーション学会・会長（2020-2023）、一
　　　般社団法人 国際幼児健康デザイン研究所顧問、一般社団法人 日中児童健康
　　　Lab 顧問、インターナショナルすこやかキッズ支援ネットワーク代表、子ども
　　　の健全な成長のための外あそびを推進する会代表、日本学術振興会科学研究費
　　　委員会専門委員（2009.12 ～ 2017.11）、日本幼少児健康教育学会理事長（1982.10
　　　～ 2014.3）、日本幼児体育学会理事長・会長（2005.8 ～ 2022.3）
　2) 受　賞
　　　1992 年　米国ミズーリー州カンサスシティー名誉市民賞受賞
　　　1998 年　日本保育学会研究奨励賞受賞
　　　2002 年　日本幼少児健康教育学会功労賞受賞
　　　2008 年　日本幼少児健康教育学会優秀論文賞受賞
　　　2008 年　日本保育園保健学会保育保健賞受賞
　　　2016 年　第 10 回キッズデザイン賞受賞
　　　2017 年　（中華民国 106 年）新北市政府感謝状受賞
　　　2022 年　日本幼児体育学会　学会功労者賞

幼児体育の魅力
― 運動、心動、感動、そして生活化を図る ―

2023 年 12 月 22 日　初版第 1 刷発行

■著　　者 ──── 前橋　明
■発 行 者 ──── 佐藤　守
■発 行 所 ──── 株式会社 大学教育出版
　　　　　　　　〒 700-0953　岡山市南区西市 855-4
　　　　　　　　電話（086）244-1268　FAX（086）246-0294
■印刷製本 ──── モリモト印刷 ㈱

ISBN978-4-86692-280-5